# 精神分析の変遷
――私の見解

マートン・M・ギル――著

成田善弘――監訳

杉村共英, 加藤洋子――訳

Psychoanalysis in Transition
A Personal View
by Merton M. Gill

Psychoanalysis in Transition

by Merton M. Gill

Copyright © 1994 by The Analytic Press, Inc
First paperback edition 2000
Japanese translation published by arrangement with Lawrence Erlbaum Associates
Inc through The English Agency (Japan) Ltd.

# 監訳者まえがき

　ギル（Merton Gill）は名著 "Analysis of Transference Volume Ⅰ. Theory and Technique. International Universities Press, 1982."（神田橋條治，溝口純二訳『転移分析――理論と技法』金剛出版，2006）の著者として，すでによく知られている。その中でギルは，転移は患者が過去に基づいて現在を歪曲したものではなく，「いま－ここ」の分析状況に対するもっともな反応に基づくものだとし，転移をもっぱら患者の内界の産物とのみ見るのではなく，そこに分析家の寄与があることを主張している。そこには欲動論に基づく一者心理学から，関係を重視する二者心理学へとギルが踏み出していることが示されている。

　本書『精神分析の変遷――私の見解』（Psychoanalysis in Transition ― a Personal View. The Analytic Press, 1994.）は，ギルが前著からさらに一歩を踏み出し，内的なものと外的なもの，一者心理学と二者心理学，中立性，自由連想といった精神分析の基本的概念や考え方について，その歴史や現況を展望しつつギル自身の見解を述べたもので，ギルが晩年に到達した思想が示されている。すなわち，精神分析は分析家と被分析者（患者）の双方がそこに参加する過程であって，そこで患者に生じることは決して患者個人の内部からのみ生じることではなく，そこに分析家の寄与が必ず含まれている。たとえ分析家が沈黙しているときでも，患者はその沈黙の意味をさまざまに体験するので，分析家の沈黙は決して分析家が何もしていないということではないという。要するにギルは分析状況を患者と分析家の両者が形成する場ととらえようとしている。自我心理学に出発しつつ，対人関係学派との交流をもったギルにしてはじめて可能な到達点だったのであろう。

　ただ，筆者のように，精神療法は治療者と患者二人の関係であって，そこ

で何が生じるかは双方に責任があり，それを共同で吟味することが重要だと考える者にとっては，ギルの主張はごく当然のことのようにも聞こえる。精神分析がその成熟にともなって常識に近づいたと言えるかもしれない。

ただし，この「常識」を語るギルの論述はおそろしく精緻である。ギルは精神分析の歴史を展望し，学派や研究者間の異同を論じ，それらを踏まえて自らの見解を主張する。そしてその主張は，治療の実践家なら当然のことかもしれないが決して教条的ではなく，きわめて柔軟であり，ときには葛藤をはらんでいる。読者はギルに導かれて，単に整理された考えを受け取るのではなく，さまざまな考えの間をゆれ動き，いつのまにかギルとともに自分自身が考えていることに気づかされるであろう。

翻訳の担当についてふれておく。序文から第6章までを加藤洋子氏が，第7章以降を杉村共英氏が訳し，私がその訳文を原文と対照しつつ検討，改稿し，訳語や文体の統一にも努めた。訳文は私と二人の訳者との間を何度も往復し，本訳書ができ上った。両訳者は力動的精神療法を学び実践しつつある気鋭の精神科医であるが，二人とも翻訳の過程でギルに惹かれていったようである。とくに杉村氏の傾倒ぶりは「訳者あとがき」によくあらわれている。読者にもギルの魅力が伝わればうれしい。

出版にあたっては金剛出版の立石正信氏にお世話になった。いつもながらのていねいな仕事ぶりに感謝申し上げる。

平成20年7月4日
梅雨の晴れ間に

成　田　善　弘

# 目　　次

監訳者まえがき（成田善弘）　3

序　　文　9

第1章　構成主義と解釈学　19

第2章　内的なものと外的なもの　33

第3章　一者心理学と二者心理学　54

第4章　中立性　71

第5章　精神分析と精神療法　84

第6章　自由連想と分析過程　104

第7章　分析家は何を言い，何を行うか　129

第8章　理論と技法　156

第9章　精神分析における身体　172

第10章　結　　論　190

参考文献　194

訳者あとがき（杉村共英）　203

索　　引　206

# 精神分析の変遷
―― 私の見解 ――

# 序　文

　私はかねてより，その本が出来あがるまでの経緯を著者が解説すれば読者の役に立つと信じている。というわけでこの本がどうやって出来たかを紹介しよう。何年前だったかもう覚えていないが，私は精神分析の理論と実践の教科書を書くことを思い立った。従来の教科書が，なかでも最も普及しているものが，教科書というより宗教の教義のように思えて大層不満だったからである。私は，精神分析の中で現在，論争になっていることに力点を置いた教科書で，熟練の分析家と心理的治療の初学者の双方にとって面白いものを書きたかった。読者対象には，力動的精神療法——ここでは行動療法の対極にあるという意味だが——を行うならどんな人をも含めて考えていた。
　どこかで聞いたことがあるが，洗練された入門書はすなわちその分野の序説であり，初学者に限らず専門家をも啓発するものを含むという。そのような本を書きたかった。
　驚くにはあたらないが，このような目的で書き始めたものの再三泥沼に入り込み，しばらく企画を放りだすことがよくあった。最終的に私は数百ページの原稿を書き上げ，アナリティック・プレス社の編集主任であるポール・ステパンスキイに送って，意見と見通しを言ってくれるよう頼んだ。彼はいつもながら鋭く，読者層が定まっていないとただちに指摘した。そして，この本は磨きをかける必要がある，特に私の個人的見解をもっと書いてはどうかと提案した。
　彼は自分では気付かずに核心をついた。1940年代初期に私がメニンガー・クリニックのジュニア・スタッフだった頃，スタッフ・ミーティングで私の発表する順番がまわってきた。私はグリンカーとシュピーゲル (Grinker and Spiegel) の「北アフリカにおける**戦争神経症**」——そこには

戦争による外傷性神経症と，それに対し麻酔剤ペントタールを使用して除反応を行った数多くの治療経験が生き生きと詳述されている——の要約を割り当てられていた。私の発表が終わった時，会の主宰であった故カール・メニンガー（Karl Menninger）が彼の持ち味と言えなくもない辛辣さで言い放った，「マートン，もともと生き生きして面白いものをうんざりする退屈なものにしてしまうことにかけて，君ほど能力のある人間を僕はほかに知らないね」。むろん彼は正しかった。以来私はその性癖を克服すべく格闘している。いくらか進歩していると読者の皆さんに感じていただけたらいいのだが。

　本書に戻る。私はもっと生きのいい文体に書き直し始め，上述のカール博士——弟のウィル博士もいたので皆彼をそう呼んでいた——との間のような，私の職業人生からの逸話もあちこちに含めるようにした。だが私は二つの読者層のどちらを対象にするかまだ決めかねていた。初学者ならたとえば，私自身は本質的には却下しているものであっても，メタ心理学の観点，少なくとも古典的フロイト派がどう言っているかくらいは知っておかねばならない。しかしそれを延々と書いたのでは熟練者を退屈させてしまう。どうやったらメタ心理学の観点をすっきり書けるだろう？　私がラパポート（Rapaport）派の勢いでメタ心理学を弾劾したら，生の講演としては面白いだろうが，解説文となると……。

　だから私はいろいろな可能性について考えた。分冊にしてはどうだろうか？　一冊は熟練者向き，もう一冊は初学者向きに。といってもどちらの読者層にも論争における私の見解を打ち出したかった。私は二冊の別々の本を思い描いていたのではなかった。私は主に経験ある臨床家としての観点から執筆し，初学者のための補遺としてメタ心理学の観点や防衛機制のような種々の項目をつけようと考えていた。だがそれではひどく厚い本になってしまう。何年か前，教科書を書く計画を誰かに話した時に言われたのだった，「頼むから短いものにしてくれよ，誰かに読んでもらいたいならね」。

　草稿を見直すにつれ，あるものはあたかも初学者向き，あるものは熟練の治療者向きなのに気付いた。ここ数年，私が最も関心を寄せているのは一般的理論における技法ということである。そこで私は分冊にすることに決めた。一冊は熟練者向けで，一般的理論における技法を本質的に論じたもの。もう

一冊は入門用の教科書で，熟練者には周知の基礎知識なので最初の本には載っていないことを含め，詳しくは扱えなくとも技法上の論題もちゃんと取り上げるようにしよう。両書に共通の中心的テーマがあるのだから重複は当然生じるだろう。

　両書が共通のものを持つのは，読者にはいずれわかることだが，私は，頻回のセッションとカウチによる古典的な分析状況であれ，心理療法の初めての事例に取り組んでいる研修生が直面している状況であれ，どちらも私が「精神分析状況」と呼んでいるものへと昇格することを目指すべきだと信じているからである。カウチや頻回のセッションや期間等の標準的な基準を伴う正統精神分析と，分析的技法を用いてはいるが上体を起こして座り，頻回でなく期間も短い等々のやり方の異なる心理的治療の双方において，私の言う精神分析状況が目標となるべきだと私は信じている。今述べたようなやり方の治療と，通常力動的精神療法とか精神分析的精神療法，精神分析志向的精神療法と呼ばれているものとの違いについてはのちほど詳細に論じるつもりである。私は「精神－分析療法」とハイフンで結んで書いて，私の言わんとするような治療を象徴しようと考えたが，そのハイフンも形だけのものに過ぎないし，どのみち意味は理解されないだろうと結論を下した。精神分析的治療という用語を使おうかとも考えたが，その用語ではフランツ・アレキサンダー（Franz Alexander）が記述しているような治療と受け取られてしまうのではと思った。しかしアレキサンダーのその記述はずいぶん昔のことなので，私は自分がその用語に新しい意味を与えてもよいと決断した。精神分析的精神療法という用語は通常は精神分析と対比して使われるが，私の精神分析的治療という用語は精神分析的精神療法と通常呼ばれるものとは少し異なるものを意味している。

　もちろん，精神分析と精神療法の違いについては多くのことが論じられている。私はこれから詳細に議論して，精神分析を，正統精神分析の通常の基準を満たすものであれ，満たさないものであれ，「精神分析状況」を展開することを目指す精神分析的治療という広い意味のものに含める理論的根拠を示そうと思う。用語についてもうひとこと言っておきたい。「精神分析状況」という言葉は通常，正統精神分析に関して使われるが，私の言う精神分析的

治療においても目指されるべきものだと私は提唱している。精神分析状況という用語は厳密なもので，正統精神分析に限定して用いるべきだと主張する人もいるであろう。また，代わりに精神分析的対話（ダイアローグ）といった用語を用いるべきだと言う人もあろう。というのは対話こそ，正統精神分析の，そして精神分析的治療の理解において私が論じようとしている大きな変遷の主要な局面だからである。精神分析的対話という用語は，関係学派と自称する対人関係論の分析家たちの一派により創設された新雑誌『精神分析的対話（Psychoanalytic Dialogues）』とまったく同じである。分析状況への私の見解は関係学派的なものより幅広いものであるから，私は対話という言葉には賛成しかねる。そのことについては第3章「一者心理学と二者心理学」で論じよう。

本が厚くならないために，本文中に症例を挙げる通常のやり方はやめ，初学者と熟練者の双方へ向けた症例集の第三巻を書こうと思っていた。私は転移を主題としたモノグラフですでにそのやり方をしている。この仕事はまだ継続中であるが。

私はどんな本を書くかについて決めるというもう一つの難題に直面していた。対話という論点に加えて，また別の新しい展望が精神分析において展開しつつあると私は確信するようになっていた。その領域には何人かいるが，第一人者はアーウィン・ホフマン（Irwin Hoffman）である。彼はそれを社会構成主義と命名している。

ホフマン（1991）は，社会構成主義は，重要な区分をなす二律背反ないし二軸を含むことを明確にした。一つは欲動と関係の二律背反であり，もう一つは客観論者と構成主義者の二律背反である。どちらの二律背反も技法に関して重要な意味を持っている。

本書では主として，欲動－関係の二律背反に限って論じることとし，客観主義者と構成主義者の二律背反については簡単にふれるだけにする。後者についてはホフマンがすでに多くの論文（1983, 1987, 1991, 1992a, b, 1993, 1994, in press-a, b）で論じていて，社会構成主義者のパラダイムで論点を統合しようとする本も書いている。

私の二冊の本の話に戻る。何が読者の抱えている問題だと私が考えるか？

私は教科書向きの章をたくさん書いたけれども，それらを収録しなかった。本書はたしかに教科書とは言えない。本書に収録した内容に少し手を加えたものに，そういう教科書向きのいくつかの章を併せて一冊の本を作るという計画を実行した方が初学者にはより良かったのかどうか，私にはわからない。では私が初学者にはこの本は役に立たないと思っているかって？　この分野では本のカバーコピーによく「本書は経験ある臨床家をも初学者をも等しく啓発するだろう」と謳っているが，正直言って私はこの本のことをそんなふうに思っている。本書は私が最大の関心を向けていること——精神分析の概念に基礎を置いた心理的治療の性質に対する基本的な見方——が主題になっている。

　教科書についてもうひとこと言っておきたい。精神分析の理論と臨床の概観は，しばしばフロイトの業績を年代順に再検討する形をとる。これには，年代順に解説する方が何らかの論理的な秩序に基づいていくつかの原則を体系化しようとするよりもたやすいという事実のほかにも，いくつか理由がある。一つは，精神分析は驚くほどにジークムント・フロイト（Sigmund Freud）という一人の人間の業績だということである。だからあらゆる精神分析の論文はフロイトへの賛否いずれかの立場を取らざるをえないと言われているのももっともである。もう一つは，精神分析は精神分析的な方法から得られる新しい発見に対応して，フロイト自身の手によって豊かな発展を遂げてきたということである。フロイト自身がこの発展を精神分析が経験的な学問であることを示す証拠にあげ，「固定した，論破できない教義の体系を持つ哲学」——フロイトに言わせればだが——とは対照的であるとしている。

　精神分析のいくつかの要素は，歴史的に跡づけることができ，歴史の中の位置づけなくしては現在のように注目されてこなかっただろうから，たしかに年代順に推移を追うのは大変道理にかなったことではある。しかしそうであっても，歴史的に入りくんでいるさまざまな論点を系統的に整理して紹介する方が，より役に立つと私は確信している。

## 足並みの揃わぬ精神分析

　精神分析は，ここに述べるように独特の収拾のつかない様相を呈している。常に異説が唱えられ新学派まで誕生する一方，系統だった中心理論はますます多数派の見解ではなくなっているようである。今日では分裂こそがむしろ常態であって，対立する観点が統合される徴候はほとんどない。

　この事態に対して二つのまったく異なる態度がある。一方では，それは健全な熟成の徴候であり，精神分析が凝り固まった体系ではなく進歩する経験的学問なのだという主張を裏付けるものだとみなされるかもしれない。他方では，それは精神分析の概念的枠組みや組織的構造に何か基本的に間違ったところがあり，現形式の解体を予兆しているものだとみなされるかもしれない。

　治療としての精神分析がかつての権威を失墜したことには疑問の余地がない。以前は精神分析医としての資格は精神医学の主任教授候補となるのにほぼ必須であったのに，今やその資格はかえって不利となることがある。米国精神分析学会の公認機関で訓練を志願する人の数もどんどん減ってきている。

　精神分析の実践は，わかりやすい単純な理由によって深刻に脅かされている。精神分析を実施するととても高くつくのである。精神分析を自費で負担できる人はほとんどいなくなっている。保険会社はだんだん精神分析に金を出すことに難色を示すようになってきている。この払い渋りは古典的分析を行うのに最も適しているとみなされる被分析者となりうる階層，すなわち仕事に就きまずまずの社会適応を維持している人たちに特に当てはまる。そのような人たちが心理学的援助を求めるに至る困難とは，なんらかの生活上の困難（サリヴァン）であって，疾病に対し契約された保険，ましてや政府賛助保険の援助を受けられるような医学的障害ではないと定義されるようになってきている。全額もしくは部分的に保険で料金が支払われる場合にそれがどのくらい分析を歪めるかについては，分析家の間でも意見の相違がある。

　同時に，心理的苦痛に対する治療としての精神分析の地位は，ほかのさま

ざまな臨床家との競争によってしだいに脅かされつつある。精神分析をする心理学者もいないわけではないが，心理臨床家のほとんどは精神分析の競争相手となるような種類の治療を実践している。心理臨床家と心理学の他部門の同僚との間には長らく区別があった。心理臨床家が精神科医の補佐として仕える立場に追いやられ，診断目的に心理テストを施行し，場合によっては精神科医の監督下で心理療法を行っていたのはそう遠い昔のことではない。しかし今や，心理臨床家ははるかに独立した役割で第一義的に治療者であるのが当然視されるようになった。「精神分析的精神療法」を行う人の数と，行動療法や認知療法，他の非分析的な精神療法を行う人の数の比較は私にはわからない。

　精神医学，精神分析，心理学の関係は大きく変化している。脳科学や精神薬理学といった生物学的研究の驚異的な成長と発見に伴い，精神医学は医学寄りに転回し心理学から遠ざかった。精神医学の第一の関心は精神病に向けられることとなったが，心理学的症状（症状に関して私は，精神病の病因論において器質的要因と心理学的要因が相対的な役割を果たすという立場を避ける考えである）を伴うより軽度の障害までも身体的なものとみなして，薬物治療を行う精神科医が必然的に多くなっている。ここで私が言っているのは特に，社会的役割を果たし続けていて何ら現実に破綻を来す徴候のない人々の不安や抑うつについてである。

　精神分析は精神科医と心理臨床家の間で板ばさみになっている。このことは特にアメリカでは南北を問わず当てはまり，精神分析の医学的アイデンティティはヨーロッパよりはずっと強いものの，南米では北米に比べその傾向が少ない。合衆国の精神分析の有力組織では医師以外の臨床家養成訓練を長らく受け入れてこなかったが，ここ数年，医学の研究所において，医師以外でその道で身を立てようと考えている人の訓練がぽつぽつ受け入れられている。近来では，精神分析医に対する診療枠の制限が要請された結果として，合衆国では初めて，学位を持った非医師に対して医学の研究所での臨床家訓練の受け入れが可能と考えられるようになった。近年までは医師でない場合，志願者にその道で身を立てるつもりがあろうとなかろうと国家的組織の中央委員会に認定を受けていなければならなかったが，その種の認定が医師の志

願者には要求されないのとまったく同様に，今やそのようなことはない。また北米の研究所では米国精神分析学会に加入していなくても国際精神分析学会の会員になるのが可能となった。

　心理学者たちも自身の精神分析の訓練研究所を限られた数ではあるが持っていて，そこでは医師と心理学者を常に同じように受け入れてきた。だからクライエントがすでに少なくなっている精神分析医たちが，医師以外も精神分析家として訓練するという方針に従来原則として反対していたのは，非医師との競争に関する懸念も加わっていたのであった。

　精神分析は医学的でない障害に対する医学的でない治療であると定義されるようになり，保険会社が支払いを拒むようになったので，精神分析医は自身が精神科医であることを強調して医師開業しているのだと主張せざるをえなくなった。心理学者も精神分析ができると認めることが，精神分析医たちの言う，医師開業の理由を弱めることは明らかである。

　こういった状況下で精神分析の現場に何が起こっているのか？　内科医や精神科医の精神分析家は医師ではあるけれども，その第一の関心と専門技術は心理学的障害に対する心理学的治療に関するものである。だから彼らは，被分析者が減って空いてしまった時間を埋めるために精神療法をしている。

　このような理由で，特別な技法としての精神分析と精神療法の関係という問題はよりいっそう差し迫ったものになりつつある。精神分析と精神療法は二つのまったく異なる技法であり，両者を区別しておくことが肝要だという意見が一般的である。なぜなら分析家は，精神療法的な「混入物」の精神分析技法への浸潤に屈服してしまう危険にいつもさらされていると考えられているからである。今日の精神分析技法の主たる目的は，治療が「単なる」精神療法に過ぎないとの非難をこうむらないようにすることにあるように思われる，とリプトン（Lipton）は皮肉っている。

　良い分析家になろうとするならば，ある期間フルタイムで精神分析を実践することが必須であると長らく考えられてきた。精神分析を行うことは掛けたり外したりできる眼鏡のようなものではないとフロイトは言っている。しかし訓練研究所のいまどきの卒業生は，精神分析的なものと精神療法的なものを混ぜ合わせて治療を行うことを余儀なくされている。一方で彼らは自ら

の行う精神分析に精神療法による「混入物」が入る危険と直面し，また一方では広く精神分析にふさわしいとみなされている受身的・中立的態度により，自らの精神療法を損なってしまう危険に直面している。後者の場合，臨床でちゃんとした分析をしていない埋め合わせをしようとして，精神療法の患者に不適当に分析を行っていると言われかねない。前者の場合は，分析の仕事に精神療法の技法を混入して汚染していると言われてしまう。このジレンマは，分析技法は正統精神分析に照らして週に最低限3～4回のセッションを行い，カウチを使用して，あまり重篤でない患者に対する場合のみ可能であるという間違った概念から生じているという見解を私はすでに示している。

　私が今日の精神分析の足並みの揃わなさと呼んできたものを説明する上で一助となるさらなる要因がある。一つは先頃アンナ・フロイトが亡くなって，創始者である父フロイトとの繋がりが途絶えてしまったことである。しかしながら，フロイト（1926）自身が「非医師の」分析家を精神分析医と同等であるとして断固支持していたことを思い起こすべきである。

　精神分析の実践を妨げるまた別の要因に，治療としての精神分析の成果に関して幻滅が大きくなっていることがある。データは入手しにくく，分析家－被分析者関係への侵入と考えられるものが必要となるという理由で分析家はたいてい追跡研究に異議を唱えるが，長期の分析の後でさえ症状の残ることがよくあるという感じが優勢である。そのうえ私の問い合わせたところでは，分析家以外の治療家はたいていもっと速く簡単に結果が出せると請け合っている。ここで言う他の治療家には，非分析的な心理学者だけでなくソーシャル・ワーカーや牧師カウンセラーまでも含まれる。精神療法をすることに関しては，医療行為はしてもしなくてもいいし，種々の心理カウンセリングの免許もあってもなくてもよい。ほぼ誰でもいろいろな心理的援助をするという看板をあげてよいのである。

　精神分析はどのようにしてこのような膠着状態に陥ってしまったのだろうか？　学問の一分野として，またその社会的役割に関して精神分析には種々の特異性があり，それらがどうしてこうなってしまったのかを理解する一助となると私は信じている。精神分析の発展の歴史はまた，この問いに対する

答えをいくつか与えるだろう。ただそれは私が本書で取り組んでいる問いではない。

　私のここでの試みは，精神分析状況に関する私の展望を示し，また精神分析理論におけるいくつかの基本的な問いへの私の見解を提出することである。

# 第1章

# 構成主義と解釈学

　先に述べた精神分析状況そのものの話へ進む前に，それを論じる背景について述べておきたい。その背景とは構成主義と解釈学である。私はかつて，構成主義と解釈学は同レベルの概念なのか，それともいずれかが上位概念なのかという疑問と格闘していた。今の私には構成主義が解釈学の上位概念だと考える方がよいと思われる。そのわけを説明しよう。

## 構成主義

　私は認識論や哲学の素養があるわけではないので，構成主義や解釈学や客観主義といった，いずれも大いに議論の俎上にあがるような概念をもっぱら包括的，内包的，そして幾分は常識的に用いていることを言っておくことが重要であろう。
　構成主義とは，人間の知覚と思考はすべて外的な現実をそのまま反映するものではなく構成されたものだという主張である。すなわち，いかなる知覚や観念も部分的には知覚する主体，思考する主体のはたらきだというものである。別の言い方をすれば，いかなる知覚や観念も，知覚する人なり考える人なりに固有の，ものの見方に由来している。構成主義はパースペクティヴィズム（認識は各人のものの見方によるという考え：訳者注）あるいは相対主義と呼ぶこともできる。構成主義の前提を別のくだけた表現で言えば，事実あるがままなどありえないということだ。目に見えるような喩えで言えば，事実は理論の中に浸かっているのである。
　科学は——明らかに知覚と思考にもとづいており——構成主義的である。このことは人文科学によりいっそうあてはまるように見えるが，自然科学に

もあてはまる。自然科学は人間によって発展してきた。したがって，自然科学は知覚し思考する人間の性質によってある部分決定されている。自然科学は人間のものの見方から構成され，ものの見方に相関している。**極端な構成主義**は，外的現実というものはたしかに存在する，あるいは人は外的現実について何かを知りうる，といったことの確実性にさえ疑問を呈するものだと思う。私はその類の構成主義のことを言っているのではない。私が言いたいのは，われわれが現実だと思っているものは現実ありのままではなく，われわれが現実から組み立てた解釈だということである。われわれは現実とは本当のところ何かを言うことができないけれども，解釈は現実の制約を受ける。現実の何たるかを言い表すことができないのに現実の制約を考慮しなければならないと言うと，なぞなぞのように思えるかもしれない。精神分析における構成主義は時に誤解されて，分析家がなにひとつ確かだと感じることができないということを意味するとされる。そうではない。むしろ分析家はたとえば，自分は普遍的な人間性に関する，議論の余地のない事柄を扱っているという認識をもって分析を行うべきではないということである。日々の臨床では分析家は実用主義的な構成主義者である（Berger, 1985；Schafer, 1992）。すなわち，分析家は自信を持って仕事をしている場合でも，自分が考え違いをしていることもあるという見方を決して捨てずにいる。もちろん分析家は，自分の到達した結論が推定的なものだと思えば思うほど，別の見方も受け入れようという気になる。これは分析家が他者の主観状態について扱っている場合に特にあてはまる。また，誰も自身の主観状態を最終的に決定するのは他者だなどと言えるはずはない。たしかにそれは意識的な状態にはあてはまるかもしれないが，精神分析は無意識の精神作用を発見してきたのである。

## 解 釈 学

　一般に人間の知識の性質に関する哲学的研究は数多くあり，科学哲学の中では解釈学の意義についての研究が特に多い。私はそれらの文献の原典にあたったわけではない。解釈学的科学というようなものはありえないと主張す

る文献もあることは知っている。しかしその見方は，外的現実をはっきりと曖昧さを残さずたしかに知ることのできる科学，すなわち構成主義的でない科学がありうるという仮定にもとづいているように思える。自然科学は長らくそのような断定的な学問モデルであったが，私の理解では，自然科学もまた構成主義的である。心理学的な事柄が構成主義的だということほどわかりきったことではないにせよ。

　では解釈学とは何であろうか？　それは解釈のことである。それでは，解釈学は構成主義とはどう違うのだろうか？　構成主義もまた解釈を含意し，すでに解釈になっていない知覚などというものはありえないとしているのだから。答えは，少なくとも精神分析に関する限り，解釈学とは人間の作る意味の解釈だということである。人間の作る意味を定義することは私には難しいが，しかしポルノグラフィに関して最高裁判所が述べたように，定義はできないが見ればそれとわかるのである。私には見ればそれとわかるのだ。私は，人間が作る意味という言葉によって私が言わんとすることを包括的にしか言い表せない。私が言いたいのは情緒の個人的な意味，もっと一般的に言えば物質的現実に対比しての心的現実というものである。人間の作る意味とは，コフート（Kohut, 1959）が内省と共感に関する有名な論文を著した際に用いたのとまったく同じ概念である。共感――すなわち他者が何を感じているかを感ずる潜在能力――が観察に含まれないならば，それは精神分析的な観察ではない，とコフートは論じている。私は『メタ心理学は心理学ではない』（Gill, 1976）を著した時に同じことを言おうとした。フロイト派のメタ心理学は解釈学ではない。フロイトは自身のメタ心理学を精神分析にとって本質的なものだと自ら主張しているにもかかわらず，実際には「心的なはたらき」を解釈学として定義している。フロイトはこう書いている。

　　心的生活において観察できるものはすべて，時に心的現象として描写される。すると次の疑問が生じてくる。特定の心的現象は，身体的，器質的，物質的な影響からただちに引き起こされたものなのか――その場合は心理学研究の範疇ではなくなる――あるいはその背後のどこかで一連の器質的影響が始まっているような，他の心的過程から引き出されたものなのか。後者の事

態が，われわれがある現象を心的過程と言う時に思い浮かべるものである。したがって「その現象には意味がある」という表現形を取る方が便宜にかなっている。「意味」という言葉を，われわれは「意義」「意図」「目的」および「連続的な心的文脈におけるある位置」のことだと了解する [Freud, 1916]。

フロイトはめったに共感（Einfülung）という言葉を使わなかったが，実はこのように書いている，「ひとすじの道が同一視から模倣を経由して共感へ，言い換えればそれによって**他者の心的生活に何らかの態度をとること**が可能となるような機制の理解へと通じている」（Freud, 1921, 強調はギルによる）[1]。

解釈学は解釈にかかわるものだと言う際，私は解釈という言葉が大変広く用いられていることを認める。物質的現実の領域にある化学実験の意味を「解釈」することはできるが，そのような解釈は解釈学的ではない。ソロモンの歌には独特の感覚的なイメージがあるが，私はそれを人間と神の関係に照らして解釈することができる。後者の解釈は解釈学的であり，その解釈がソロモンの歌が万人に対して持つ意味である必要はない。解釈学的な意味とは，たとえば，患者の辛辣な攻撃が，恋心の否認を意味する場合があるということだ。

解釈学という概念は元来，宗教書の解釈のことであった。解釈学は広がって文学など他のテクストをも含むようになり，文学批評はいまや解釈学的学問と呼ばれている。人間存在すらテクストとみなされうる（Gergen, 1985）。文学テクストと精神療法状況におけるテクストたる人間存在の決定的な相違は，人間というテクストは答え返すということにある。精神療法的な解釈には反応が返ってくるが，詩ならその意味の解釈に対し言い返したりはしない。詩は固定したテクストである。テクストというものは，読者によってそれぞれ違う意味があるのだから固定的なものではないという議論は，私は間違いだと思う。新規の読者が原文テクストに沿って読み進むことは可能だが，例

---

[1] ピグマン（G. W. Pigman Ⅲ）教授がフロイトには他にも Einfühlung という用語が多数見られると注意を促してくれた。その一つは技法論の一論文に含まれているが，ここでの Einfühlung はストレイチー（Strachey）の訳では empathy とは訳されていない。

外的な場合を除いてむろん先人の読み方に影響されているものである。

## 構成主義的かつ解釈学的な科学はありうるか？

　精神分析は自然科学かそれとも解釈学的学問か，ということに関する激論が精神分析に一時期あった。解釈学的科学というまさにその表現は，多くの人に自家撞着，自己矛盾とみなされてきた。また構成主義は，多くの人から科学たりえないとみなされている。なぜなら構成主義は同じ現象に対して異なる見方を容認しているからである。

　同じ現象が記述されているということにはどういう意味があるか？　それは，物質的な領域では誰もが疑う余地なく賛同できるような事実や事象が存在することを意味している。もし私が眉を上げれば，その現象が起こったと皆が同意できる。もしある患者が両親は離婚したということを話せば，それはわれわれが同意できる事実である。それは解釈学ではない。離婚の事実は心的現実というよりむしろ物質的現実に近いと言えるかもしれない。しかしその離婚が患者にとってどういう意味をもつかは解釈学なのである。その意味を疑問の余地なく知ることは決してできない。フロイトは精神分析を疑問の余地なく自然科学とみなしていた。「他の何たりえようか？」と彼は問うた。精神分析は構成主義的でありかつ解釈学的であると主張する者は，精神分析が科学たりうるということを否定しているとみなされている。というのも，解釈学的もしくは構成主義的な科学などありえないということは自明と捉えられているからである。実際，精神分析を構成主義的かつ解釈学的とみなす者にしばしば浴びせられる非難は，それでは精神分析はその理論を科学の方法論による検証にさらす責任を回避するということになるというものである。

　私はまず次のことを指摘しなければならない。人文系において解釈学的な研究は科学ではないかもしれないが，解釈学としての精神分析は科学たりうる。今しがた述べたように，詩ならば解釈に言い返さないが，患者は少なくとも暗黙のうちに，時にははっきりと言い返してくる。ただし患者の反論を額面通りに受け取る必要はない。われわれはそれによって意味の妥当性を引

き続き探索するための基礎を手にするのである。

　構成主義と解釈学が科学から除外されている大きな理由に，あらゆる科学が構成主義的であり，人文科学ほど明らかではないが自然科学もまたそうだということを人々が認識していないことがある。

　相対主義の反意語は実証主義である。後者は観察者次第ではない事実というものを想定している。唯一の真の答えがあるのだ。いわば観察者は要因から外してもよいとされる。後に論じるつもりだが，ブランク・スクリーンとしての分析家という見方は，分析家を関与する要因から除外しうるとする，すなわち分析家の観察も解釈も分析家自身の個性の寄与を免れているとする誤った信念の典型である。

　唯一の真の答えがないとしたら，科学などというものがありうるのか。最終的に裸の厳然たる事実に到達するまで，観察者の寄与をどんどん排除していくのが科学ではないのか。そうではない。観察者の寄与は決して零(ゼロ)にはできない。私が眉を上げた（驚き，軽蔑，疑念などを表す：訳者注）とか，離婚があったと述べることすら，特定の文脈の中での陳述である。その文脈はより首尾一貫した全体像の理解を目指すにつれてだんだん明確になってくるが，その事実はやはりある文脈の中で意味を持つのである。ある事実がある物質的な文脈の中で意味を持つことがあるが，それが心的現実の文脈の中で語られない限り精神分析的な「事実」にはならない。心的現実の解釈はむろん幅広くさまざまである。構成主義的－解釈学的な見方においては「どんな解釈でもかまわない」とか，あるいは精神療法状況においては，ある物語は別の物語と同じように正しく，美的な違いがあるだけだ，などとこの頃よく言われるが，こういう議論は馬鹿げている。この種の考え方が，私が極端な構成主義と言ってきたものである。

　ひところ人間の学問についての理論たる認識論の観点から，自然科学と人文科学，あるいはディルタイ（Dilthey, 1924）がドイツ語で表現し，他言語の議論の際にもよく使われる言い方で言えば「**自然に関する学問**（Naturwissenschaften）」と「**精神に関する学問**（Geisteswissenshaften）」——文字どおりには自然科学と精神科学——ははっきり区別されねばならないと信じられていた。

精神分析は自然科学か解釈学的科学かという論争は，主にメタ心理学VS.臨床心理学——私ならメタ心理学VS.心理学（Gill, 1924）の論争と言いたいところだが——の形をとってきた。この争点は，先ほど述べたことから定式化することができると私は信ずる。学問分野はすべて，メタ学問すなわちその学問用語の意味を定める文脈を有している。フロイトの精神分析に対するメタ学問が彼のメタ心理学である。フロイト派のメタ心理学は自然科学の枠組みの中にあり，力，エネルギー，物質，空間といった自然科学用語が用いられている。フロイトの臨床理論すなわちフロイトの心理学は解釈学的なメタ心理学にある。そこでは人間の意味を扱う。フロイトのメタ心理学とフロイトの心理学は絡み合って混乱している。両者の絡まりぶりの最たる例はフロイト派の欲動論で，それは自然科学と解釈学的科学の両方の用語で定式化されている。フロイト派の精神・性（サイコセクシャリティ）の理論は，エネルギー的でもあり関係的でもあって，リビドーと愛，メタ心理学と心理学からなる。フロイトの二つの理論についてのジョージ・クライン（George Klein, 1976）のすぐれた論文は，自然科学用語における欲動論と解釈学的な欲動論を区別している。リビドーによる活動は愛とは区別すべきである。レイプもまた人間的な（見方を変えれば，非人間的な）意味を持った活動である。

　グリュンバウム（Grünbaum, 1984）により説得力十分に示された次の点を強調するのは重要なことである。フロイト自身は区別をしなかったが，精神分析は自然科学だというフロイトの主張は，彼のメタ心理学だけでなく臨床理論にも基礎を置いている。したがって精神分析が自然科学であるというフロイトの信念はメタ心理学にのみ依拠していると決めつけることはできない。

　少し横道にそれるが，ここで一次過程と二次過程についてふれておく。これらの概念は思考の性質についての何かをたしかにつかんでいる。私はエネルギー論的なメタ心理学を拒否しているので，できるだけすみやかに多くの心的エネルギーを放出する必要性に由来する，置き換えと圧縮という一次過程についてのフロイトの説明を受け入れられずにいる。

　私が見つけることのできたこれらの過程に替わる最も妥当な概念構成は，イレーネ・ファスト（Irene Fast, 1992）の議論にある。ファストはそれら

の過程をピアジェ（Piaget）の言う感覚運動期に関連づけているが，そこでは，意味は行為から派生するので行為のあらゆる構成要素は行為の意味を表現しているとされる。たとえば吸うという行為において，指と乳首は互いの代用品となりうる。すなわち，意味は互いに置き換えられうる。圧縮においては，圧縮された諸要素は等価の意味を持つ布置の一部となってあらわれる。この定式化は，私にデヴィッド・ラパポート（David Rapaport, 1951）による欲動と記憶の中の諸現実との区別を思い出させる。

　科学的方法はどの科学においても変わらないとよく言われる。主題が違うだけであると。他方，こう言われることもある——むろん解釈学的科学が存在しうるとみなす人々によってだが——解釈学的科学の科学的方法は自然科学の科学的方法とは違う，あるいは違うということに将来なるであろうと。これらの違いがどういうものになるのかは，まだほとんど探求されていない。私が言ったように，解釈学的な立場をとると，精神分析がその命題に妥当性があるかどうかを検証する責任を回避することになるというのが大方の見方である。それにより，解釈学的「科学」などというものはありえないという批判的な主張が生み出された。精神分析における解釈学という論点を扱う人々は，いろいろ面白いあの手この手を使っている。ドナルド・スペンス（Donald Spence, 1993）は主観（解釈学）を考慮に入れるのは極めて重要で必要なことだと強調するが，そのようにすれば最終的には厳然たる事実に到達しうると考えているようだ。そのため彼はジェローム・ブルナー（Jerome Bruner）に「隠れ実証主義者」と呼ばれている。ブルナーは分析家間の意見の一致を探し求めることは間違った企てであると考えている。リチャード・ローティ（Richard Rorty, 1993）はさらに極端な立場を取り，それをプラグマティズムと称し，「学問分野の『科学的地位』についての論争点は，網羅的な法則があるかどうか……またそれらの法則に関して……経験的な裏付けを得ることができるかどうか……という問いから，その分野で仕事をしている人々の見解が一致に向かいつつあるかどうか……という問いへと移った……（p.23）」としている。

　何が科学的方法か，また自然科学における科学的方法と解釈学的科学における科学的方法はどう違うかを定義しようとするような骨の折れる仕事に

は，私は気がすすまないけれども，しかし最も一般的に言えば，科学的方法とは仮説を仮定し，その仮説に関連するデータを収集し，一定の規則に従ってデータからその仮説を検証することである。むろん厄介なのは「データ」をどう定義するかだ。解釈学的な文脈において妥当と認めることには，全体が部分の意味を決定し，部分が全体の意味を決定するという「解釈学的循環論法」が含まれていると言われる。意味を妥当と認める過程は，部分から全体へ，そして全体から部分への絶えざる相互の運動である。これは実際のところ自然科学における確認と何らかの違いがあるだろうか。違いはないと私は思う。その循環論法が自然科学よりも人文科学ではるかに目立つということはあるとしても。

　よくある議論に，自然科学は原因を扱うが人文科学はもっぱら理由を扱うというものがある。しかし理由すなわち原因であると言うこともできる。原因と理由の間に区別を作ったとして，自然科学は物質的現実を扱い解釈学的科学は心的現実を扱うという以上のことを言えるだろうか。それ以上は言えないと思う。

　解釈学的な妥当性確認はもっぱら包括性と一貫性にもとづき，一方，自然科学は事実を扱うとしばしば言われる。私は物質的現実の文脈における事実と心的現実の文脈における事実を区別している。しかし再び私は主張したい，自然科学であれ解釈学的科学であれすべての科学において妥当性の確認は，部分と全体そして全体と部分の関係がより一貫性のある包括的なものになるという点にのみあるのだと。このことは，すべての観察と思考は文脈においてのみ意味をなすということ，すなわちすべての観察と思考は構成主義的だということを繰り返し言っているにすぎない。自然科学と解釈学的科学の双方において，妥当性確認は現実の制約を受ける。すでに述べたように現実を直接的に知ることは不可能であるとしてもである。妥当なものであるためには，現実を知りうる限り，すなわち誰もが明白に合意できるような観察が存在する限り，仮説は観察に矛盾してはならない。この点はむろん，真理の対応説と首尾一貫説の対立としてわれわれの研究報告で論じられている。なかでもヴィクトリア・ハミルトン（Victoria Hamilton, 1993）は，精神分析の臨床に関する限りその二つが不必要なまでに鋭く二分されていることを指摘

した。真理の対応説を主張する人々は，自分たちは精神分析を科学として，それゆえ研究可能なものとして保持していると暗に言っている。しかしそれでは研究はどこにあるか？

構成主義の一般的な認識論的概念と，各研究者が自分の理論に沿ってすなわち自分が仕事をしているその文脈に沿って「事実」を発見するという特定の構成主義的認知とは違うことは指摘する価値がある。

著名な哲学者の中には，精神分析は混成物だと，リクール（Ricoeur, 1981）の言葉だと「エネルギー的論述と意味論的論述の」混成説だと信じている人もいる。ハーバーマス（Habermas, 1971）は，通常の解釈学と「深い解釈学」としての精神分析とを区別している。なぜなら精神分析は意識的な心的活動と同じく無意識の心的活動を仮定しているからである。解釈学がときに「主観性」を指すという事実が，解釈学は必然的に意識的なものに限られるという誤解につながることがあった。非言語的なふるまいの解釈学もまた存在しうるということは見逃されがちである。

私自身の見解では，エネルギー論と意味論の混成説という概念は，人間は物質的な有機体であると同時に心理学的人間（Rubinstein, 1976）でもあるという事実を扱おうとする試みである。しかし私は精神分析は純粋に心理学的学問となりうるし，またそうなるべきだと信じている。それは私が，人間が機能する上での身体の役割を割り引いて考えているという意味ではなく，少なくとも**精神分析に関する限り**身体はもっぱら心理的な意味という観点から考慮されるべきだという意味である。私はのちほど身体の占める地位についてもっと詳細に扱うつもりだが，ここでは一例のみ挙げておきたい。たしかに脳の機能不全は人間の心理的な機能に影響を及ぼすが，精神分析に関する限りその影響が扱われるのは，その機能不全はそれを有する個人にとって本人だけの意味をもつという意味においてである。まったく同じ脳機能不全すなわち神経学者にはまったく同じものが，人によってそれぞれ違う意味をもつかもしれない。精神分析は本人にとっての特別の意味を扱うのである。

リクール（1981）の表現である「エネルギー的－意味論的混成説」においては，エネルギー的という用語は身体を指し，意味論という用語の方は意味と言語を含んでいる。言語は精神分析で非常な重要な役割を果たす。ジャッ

ク・ラカン（Jacques Lacan, 1977）のような分析家は，精神分析を本質的に言語の問題にしようと企てた。しかし私は，言語は重要であるが精神分析にはそれ以上のものがあると信じる。言語という用語が，意味のある言葉の体系というその通常の意味を超えて，どんな意味の体系をも指すように拡張されていないとすればだが。

　したがって，精神分析は解釈学的だと言うことは精神分析は人間の意味を扱う純粋に心理学的な学問だと言うことである。私はシェーファー（Schafer, 1983）の定義が好きだが，この定義を読むと，精神分析は「科学」に対比して「学問」にしかなりえないと言っているようだ。そこには次のように書かれている。

> 　ここで述べてきたものは実質上，解釈学としての精神分析ということになる。というのも……精神分析は自然科学というよりむしろ解釈的学問だからである。精神分析は言語および言語と等価なものを扱う。解釈とは，精神分析的な関心に特有な描線に沿って，行為を描写し直すことあるいは語り直すことである……事実とは分析家によって外に現出させられたものである。それらは，この語られ方を導き出している，精神分析に固有の問いの函数である。そしてそれらの問いは，それが分析家自身があらかじめもっている考え——どんなに体系化されていないものであったとしても——によって支持されるような語り方のお膳立てをする［pp.255-256］。

「事実とは分析家によって外に現出させられたものである」と言うよりも，事実とは分析家と被分析者が事実だという合意に達したものである，と私はむしろ言いたい。このように定式化したからといって，分析状況が分析家と被分析者にとって対称的なものだと私が考えているわけではない。また分析家の予見は，知的な情報源と同じくらい影響力がある（Hoffman, 1991, 1992）ことを強調しておくことは重要である。

　こういった定義に惑わされてしまう分析家は多い。一つには物語（narrative）という言葉が意味するものを読み違えてしまう。彼らはそれを一つのお話（story）である，つまりどの話も同じように妥当性があり，求められているのは整合性があって首尾一貫した話であって実際起こったことと必ず

しも関係はない——早い話が作り話——と考える。言い換えれば，現実の制約は無視される。

こういう考えほど真実から遠いものはない。このような見方は，構成主義の概念の，そして分析家が分析状況に貢献しているという考えの馬鹿げた歪曲である。どの分析家も自らが分析状況に意味のある貢献をしていることは知っている。なるほど物語の基準としては，必ずしも「実際に」起こったことと符合していなくてもよい。というのも精神分析では自明のことだが，「実際に」起こったこと（すなわち外的現実と描写されるもの）だけでなく，むしろ起こったことがどう体験されたかが，かかわっている二者の間でしばしば大きく異なることが，問題となるからである。

しかしある制限の範囲内では——それは状況によってさまざまだが——過去に起こったことと，現在の分析状況でまた外の世界で起こっていることは，二つの違った仕方で述べられる。すなわち外部の観察者にどう見えるかと，心的現実においてどう体験されるかである。見るからに情愛深い両親が厳しいと体験されることもあるし，その逆の場合もあるが，ふるまいとそれがどう体験されるかの関係はでたらめではない。一般化することができる。たしかにどんな場合も，ふるまいが外部の観察者にどう描写されるかと本人にどう体験されるかとの間には，驚くほどの不一致がありうるが，あるまったく同じふるまいを外部から観察している人たちの間でも，その意味に関して意見が異なることがある。このことが精神分析をこの上なく個人的なものにする。そういうわけで被分析者が過去について語ることは，分析が進行するにつれて変わるのである。重要な点は，ふるまいの意味は個々人に応じてさまざまだということである。分析家と被分析者が，両者の間で進行していることをまったく違うように体験する場合がある。分析家が自分を友好的だと体験しているのに，患者は分析家を友好的にはほど遠いと体験している場合もある。また，多くはないがその反対の場合もある。

何故一つの出来事の物語が異なって体験されることがあるかの理由として重要なものがほかにもある。精神分析に関するその主要な理由は，一つの出来事が意識的，前意識的，無意識的のいずれの文脈で理解されるかによって，非常に異なって描写される場合があるからである。表面的には友好的なもの

が無意識的には敵対的なこともあるし，逆もまたありうる。分析家は患者にとって無意識的な意味があると思われるものからみて解釈し，一方，患者はもっぱら表面にあらわれる意識的な文脈で理解している場合もある。分析家と被分析者の間の体験と理解の相違，および分析家の専門家としての役割の認識の相違はのちほど追求しよう。

　一つの出来事にさまざまな解釈があることを理解するもう一つの方法は，フロイトの多元決定という考え方である。この考えはおそらくロバート・ウェルダー（Robert Waelder, 1930）の多重機能の概念に沿ったものである。ウェルダーが論ずるには，どのようなふるまいも，イド，自我，超自我，現実，そして自我それ自体の中の一貫性の要求を同時に満足させなければならない。これらの面の一つだけからふるまいを見るのは部分的な見方で，それぞれ異なっている。しかも二人の人間が同じ出来事を異なる部分的角度から見ているとすれば，そこでも異なる物語が存在することになる。たとえば，分析家はふるまいを防衛的とみなすのが通例だが，患者にとってそのふるまいは適応的であるのかもしれない。

　むろんあるふるまいは防衛的であると同時に適応的ともなりうる。ところが患者はその防衛を適応的な心の平衡を可能にするものと体験しているのに対し，分析家は自分の考える分析の目標という見地からそれを不適応とみなす。

　そういうわけで私は，精神分析は構成主義的かつ解釈学的であり，それでもやはり科学であると結論する。構成主義と解釈学のどちらが上位概念かについて私が頭をひねっていたのは，自然科学における解釈と人文科学における解釈は同じではないということを私がよくわかっていなかったからである。あらゆる科学が構成主義的であり，人文科学だけが解釈学的であるのだから，私は構成主義を解釈学より上位概念とする。

　構成主義の概念がこれまで誤解されてきた重要な点に，構成主義と発見は二律背反的だと，すなわち，以前から存在しているがまだ知られていなくていわば発見されるのを待っているものがあるとしても，そういうものは分析過程では発見されることなどありえないとされていたことがある。分析過程を通じて，出来事の記憶だけでなくそれらの出来事にまつわる当時の感情の

記憶までも取り戻せることは疑いないが，たとえそうであっても，それらの記憶が取り戻されるにはある文脈があり，また現在その取り戻された記憶のせいで意味が変化するので，それら取り戻したものは単に発見されたものというより構成されたものとなる．

　以上，従来もそして今後も大事な討論の主題であり続けるであろう問題について意見を述べてきた．精神発達や治療技法に関して凌ぎを削っているいくつかの主張を比較してその長所を決定する方法が，今後とも必ずやあると信じていることだけ付け加えておきたい．

　これで精神分析状況そのものを議論するための基盤は用意されたので，その話に移る．このあと用語や概念を折々に紹介し，のちに詳しく扱うつもりでいる．その主題をまったく知らないで本書に臨む読者はいないであろうから，そうしてもよいであろう．新しい用語を片っ端からいっぺんに詳しく扱おうとすると，単調で退屈になる上，連続性に水をさしてしまうだろう．扱っているどの論題に対しても，自由連想については別にして，私は研究論文の網羅的なレビューをしようとはしなかった．書いている時に心に浮かんだものだけ引用している．本書はかなりの長期間にわたり少しずつ編纂されたため，特に一定の基本概念には，重複部分や繰り返しがあちこちにある．それらをそのままにしてあるのは，単に削除する労力を避けたのではなく，その方がかえってわかりやすくなると私が信じたためである．

　各論点に対して割いた紙面の量は，必ずしも私がそれをいかに重要視しているかを示すわけではなく，それについて何か有益なことを私が語りうると感じているかどうかによる．

# 第2章

# 内的なものと外的なもの

　精神分析状況を取り上げる前に，心的機能に関するごく一般的な論点，すなわち内的な要因と外的な要因の関係について明確にしておこう。

　フロイトは，1890年代に患者たちが語った子ども時代の性的誘惑の話をはじめはおおかた信じていたが，のちにそれが誤りであることを発見した。これこそ精神分析の歴史におけるおそらくただ一つの，最も運命的な出来事である。フロイトは彼の初期の結論に信憑性がないとわかってがっかりしたが，しかしその挫折の瀬戸際から重要な勝利をもぎ取ることができた。彼は，そういう話は大部分が空想で，実際に起こった外的な出来事を描写したものではないと結論した。そしてさらに，そのような空想は普遍的にある生まれつきの本能的欲動の表現であると結論づけた。

　外的な要因よりも内的な要因に重きを置こうという大規模な動きが生じた。外的なものと内的なもののどちらが重要かという論争は，精神分析の理論と臨床における中心的テーマとなり今日に至っている。私が内的，外的という非常に一般的な用語を使っているのは，最初は特定的にならずになるべく一般的に用語を使いたいからである。じきに私は，内的と外的という二分法を表す，多数のより特異的な対表現を用いるつもりだ。

　最初にはっきりさせておきたいのは，意味のある人間のふるまいなら何であれ，内的要因か外的要因のどちらか一方だけによるものだとは実は誰も思っていないということである。フロイトは時に，内的要因ばかりを危険なほどに選ぶ（たとえば「原初的空想」は系統発生的に決定されるとか，性にまつわる羞恥心は自然発生的にあらわれるなど）こともあったが，しばしば二分法として表現されているものは実際のところは強調や序列の問題であって，もう一方が存在し非常に重要ですらあることを否定しているわけではな

い。この二分法は，一方かそれとも他方かというだけの問題であるかのように表現されることがままあるが，実際その論議は内的なものと外的なもののどちらかを相対的に強調しているだけである。

　内的要因と外的要因を単純に二分できるかのように言うのは間違いだということを明確にすることもまた重要である。人間の心理的作用において，外的な世界は内的な世界によって意味あるように構成され，内的な世界は外的な世界によって意味あるように構成される。要するにわれわれは相互に作用している構成主義的循環（サークル）を扱っている。各々が独立した実体であるとするような二分法は認識論的に擁護できないというのが私の立場である。

## 主体と対象

　構成主義的な観点の発展にともない主体と対象の概念は変わった。主体と対象は以前は二分的なものと考えられていたが，今では各々がもう一方を形成しているとみなされている。つまり各々はそれ自身と他方を統合したものであり，しかも各々がその独立性を保持していると考えられる。

　自己心理学は，この論点について自己対象という概念に見られるような面白い立場を取っている。自己心理学者の中ではアーノルド・ゴールドバーグ（Arnold Goldberg, 1990）が，自己対象（selfobject）――一語として記されている――の概念によって主体と対象の二分法を超越することを最も明確に示してきた。自己対象は自己の一部であると言われており，実際，自己をまさに構成しているものである。極論するとこういうことになる。太古的な自己対象に限定するとしても，自己対象という考え方は，対象というものは決して独立した存在ではなく，主体そのものの目的を実現するために主体が自身から作り出したものに過ぎない。太古的な自己対象に関して，コフート（Kohut）が言うには，自己は自身の手足に対するように自己対象とかかわっていると感じている。これは，自己対象は固有の属性を持たないという独我論の立場であることに私は気づいた。別の言い方をすれば，それが現実にどういう対象であるかは，自己がそれから作り出すものに何の制約も課さな

いということになる。

　自己心理学の文献では，そういう事態は成熟にともなって変化し，対象はそれ自体の主体性の独立した中心となる，すなわちその対象もまた何らかの独立性を有するようになると主張されている。しかしそのことは自己と対象が二分されるという意味ではない。自己は対象を必要に応じてさまざまな程度に意味づけし続ける，すなわち構成し続ける。自己心理学者の中には自己対象に異議を唱える者さえいる（Wolf, 1988）が，あくまで自己対象への異議であって，対象に異議を唱えてはいない。コフート（Kohut, 1977）が論じているように，そして私も賛成であるが，自己は生涯，自己対象を必要とする。この考えは，発達の目標は完全な自律まではゆかなくても自律の増大に向かうべきだという古典的信念と矛盾する。

　自己が対象にとって自己対象になり得ることを認める議論は自己心理学の中にもあるのだが，自己心理学の欠陥の一つに，対象をめぐる相互的な論点を形成できていないということがある。

　欠けているのは，これまた一語で表される対象自己（objectself）とでも称されるものである。自己の観点からすれば対象は自己対象であるが，同時に自己は対象自己であると言うことができるだろう。こういった用語は不恰好だが当を得ていると思う。

　古典的分析では，主体と対象は依然二分される。主体は対象を意味付けするが，対象がどのように意味付けられるかについて分析家と被分析者の意見が食い違う場合，被分析者の意味付けは歪曲とみなされがちである。被分析者と意見が食い違う場合，間違っているのは分析家の方だということもあるとされているが，そういう場合，分析家が解釈を誤るのは望ましくない逆転移によって客観性から離れたゆえだとみなされがちである。

　ゴールドバーグ（Goldberg, 1990）は，自己心理学だけが自己対象という独自の概念において主体と対象の二分法を克服したという意見である。古典的分析において二分法が存続しているのは事実であるが，構成主義的な立場は主体と対象のどちらに対しても二分法を克服している。構成主義的な立場の利点は，主体と対象に同一の概念を適用して，各々が同じく独立した存在であるという理解とともに，それぞれがもう一方に及ぼしている制約，より

一般的に言えば影響を認識しているという点にある。

構成主義的な立場は，少なくともホフマン（Hoffman, 1991）の影響下では，自己対象（および私が論じた，それの相関物である対象自己）という新しい用語を使わないで，主体と対象という用語を引き続き使用している。旧来の用語を使うと，旧来の二分法が維持されているという誤解を招くのは当然だが，しかし新しい自己心理学の用語だと，主体と対象が独立しているという意味がわかりにくくなる不都合がある。

私もまた，転移に関する研究において旧来の用語を使い続けることにしたが，転移と逆転移を互いに寄与し合い，互いに形づくられるものとして定義し直した。私は目下のところ，転移と逆転移およびその両者の関係は主体と対象もしくは内的なものと外的なものの関係の特殊な例だと考えている。

内的なものにより課せられた制約とは，体質的に与えられたものと内面化されたものとである。外的なものから課せられた制約は，われわれの現実経験に影響を及ぼす。われわれは現実を直接には知り得ないにもかかわらず，現実の影響は制約を課してくる。

自己愛転移についての古典的な概念と，自己対象転移についての自己心理学の概念がどういう関係にあるかを問うことは役に立つ。その違いは個々の事象にあるのではなく，それがいかに評価されるかにある。古典的分析においては，自己愛転移とは相手の欲求を無視して自己自身の目的のために対象を「利己的に」使用することである。発達の目標はそれぞれ自律と相互依存に向けられる。自己心理学においては，自己愛転移は正常な発達の一部分として終生必要であり続ける。その違いは，不当な願望と正常な欲求の違いのようなものである。ゴールドバーグ（私信）は，その違いは非常に大きいので，自己愛転移と自己対象転移を代替しうる用語とみなすととてつもない誤解を招くと考えている。むろん，病理的な自己愛欲求も病理的な自己対象欲求も存在する。

クライン派の理論が，幼児が親対象をどう意味づけるかは対象の質と無関係にもっぱら幼児の空想によって決定されるとみなしている限りにおいて，クライン派の自己は自己心理学の太古的自己対象に劣らず独我論的である。しかしクライン派と自己心理学の幼児像は大きく異なっている。英国の対象

関係理論には，たとえばウィニコット（Winnicott）の陳述にあるように，赤ん坊と母親が個々に存在するのでなく赤ん坊と母親のペアのみが存在するというような二者の本質的な関係の認識が見られるとはいえ，第一義的には自己と対象は二分されている。ミッチェル（Mitchell, 1993）の研究がよい例だが，関係学派は構成主義的で，主体と対象を互いに形づくるものとみなす。関係学派の他の者は，この点で必ずしもミッチェルに追随していない。ストロロウ，ブラドチャフト，アトウッド（Stolorow, Bradchaft, and Atwood, 1987）などによって提唱された間主観性の概念は，主体と対象の新しい構成主義的な見方を提供する。このようにして間主観主義者は自己心理学の主流から分派したのである。

## 内的なものと外的なもの

　ここから私は内的要因と外的要因について述べるが，各々がもう一方の函数でもあると常に考えられるべきである。

　古典的フロイト派の立場は内的要因を強調し，内的要因は外的要因から二分的に独立していると理解されている。それにもかかわらず，内的なものと外的なものがともに作用するところを概念化し名称を与えたのはフロイト自身である。「神経症発症の諸型について」でフロイト（Freud, 1912a）は書いている，「外的要因と内的要因，経験と素質といった実りのない対比は放棄しなければならないと精神分析は警告してきたし，また神経症の発症要因は多様な仕方でもたらされる特殊な心的状況の中に必ずや見出されるだろうと精神分析は教えてくれた」。フロイトがその「実りのない対比」を克服するために編み出した用語は「相補的系列」である。フロイトは実際にはその引用の中でその用語を使用してはいないが，はっきりとその概念の重要性に言及している。次の一節は大いに注目すべきものである。なぜならフロイトは通常，外的な要因を見逃しているか，あるいは少なくとも控えめに扱っていると批判されているのに，ここでは皮肉にも内的な要因を見逃しているという批判に対し自らを擁護しているからである。

各個人は，生来の素因と人生早期にもたらされた影響が結びついて作用し，性愛生活の行為——すなわち自身が設定している恋の前提条件，つまり恋の過程において自分が満足させる本能と自分が設定する目的——において自分自身のやり方を身に付けているということを理解しなければならない (p.99)。

これにフロイトは，次の脚注を加えている。

　私が，幼児期の影響の重要性を力説してきたために生来的な（素質的な）要因の重要性を否定しているという間違った批判を受けていることに対し，この機会に自己弁護しておく。このような批判は，因果関係の領域で人々が探すものが限られていることから生じる。現実世界で通常に維持されるものとは対照的に，人々はただ一つの原因に満足したがる。精神分析は病因論において，偶発的な要因について多くを語り，素因的な要因についてはほとんど語ってこなかった。しかしそれはひとえに，前者に対しては新しいものを寄与することができるのに対して，そもそも後者については通常知られている以上のことを知らないからである [p.99n]。

フロイトは，本能欲動を研究するにともない，精神分析は「素因的な」要因についてずっと多くのことを知ることになると暗に言っているのだろうか。

　われわれは原則として，この二組の病因的要因を対比させることは拒否する。そうではなくて，その二組は通常連動して作用して観察される結果をもたらすのだと想定している。資質（endowment）と機会（chance）（両者とも元々はギリシャ語）が人間の運命を決定する——どちらか片方だけの力によることは，めったにもしくはけっしてない。どちらがどのくらい病因的に作用するかは，一人ひとり別々である。これらの例は，その二つの要因の割合にしたがってひと続きに並べられるのかもしれない。そこにはむろん両極端の例が含まれるだろう。われわれは，われわれの知識が到達した段階に応じて，個々の例で素質と経験がそれぞれどのくらい寄与しているかを評価するのである。またわれわれには，理解の変化にしたがって判断を修正する権利がある。ついでに言えば，素質そのものを，われわれの祖先からの長い連鎖の上に偶発的な影響が沈殿したものだと大胆にみなすこともできるかもし

れない [p.99n]。

　この最後の言葉は，フロイトが原初的空想に関して固持した態度である，フロイト流のラマルク（Lamarck）説[2]のあらわれである。フロイトはたとえば，去勢不安を説明するような経験が子どもにないとすれば，その子どもは遺伝によってとにかくそのような不安を持つのだと述べた。だが私は再度，フロイトが素因（内的）と偶発的な（外的）要因を二分可能なものと考えていたことを強調しておかねばならない。最後の重要な論文「終わりある分析と終わりなき分析」で，フロイト（Freud, 1937a）は自らの提唱する相補的系列モデルにそった言葉で予後を明確に表現した。すなわち分析は，病理の主要点が素因よりも外傷性のものである時，最もよい成果を得ると述べているのである。

　それにもかかわらず，内的なものと外的なもののどちらが相対的に重要かに関するフロイト自身の逡巡が，あのオオカミ男の記述の注目すべき結びに見られる。その箇所は一般に注目されておらず，またフロイトは確固たる「精神内界主義者」である，換言すればフロイトは内在的なものにまず重きをおく信念の持ち主であるとあまねく信じられていることと正反対なので，全文を引用する。フロイトは最初に，本質的に遺伝重視の見解を述べている。

　　経験が遺伝的なスキーマにうまく一致しない時はいつでも，経験は空想の中で作り変えられる……まさにこのような症例が，遺伝的なスキーマは独立して存在するのだとわれわれに納得させる。われわれは遺伝的なスキーマが個人の経験を凌駕しているのをしばしば目にすることができる。ちょうどこの症例で，他の点ではエディプス・コンプレックスの裏返しであるにせよ，

---

2）ラプランシェ（Laplanche, 1987）は，ラマルクの遺伝特質は適応的であるのに，フロイトの遺伝特質はそうとは言えないので，フロイトは真のラマルク主義者ではないと示唆した。このことをフランク・サロウェイ（Frank Sulloway）に話すと，彼は「ラマルクの」遺伝特質には実際は非適応的なものもあると答えた。スレイヴィンとクリーグマン（Slavin and Kriegman, 1992）は，フロイトはラマルク説の賛同しかねる面——目的論——は受け入れていないと指摘した。

少年の父親が少年の幼児期の性に対する去勢者かつ脅威となっていたように……経験とスキーマの矛盾が，子ども時代の葛藤におびただしい材料を供給していると思われる。

　第二の問題は，最初の問題とそうかけ離れてはいないが，比較にならないほど重要である。再度あらわれた原光景に対するこの4歳の子どもの態度を考えるならば，あるいはその光景を実際に経験した時点で1歳半であったこの子どもがはるかに単純な反応を示したことを考えるだけでも，何かはっきりしない類の知識，いわば理解に先立つ何ものかがその時の子どもの中で作動していたという見解を捨てきれない [Freud, 1918, pp.119-120]。

この定式化は，具体性にははるかに乏しいとはいえ，クライン派の原初的空想の見解に酷似しているように思える。

すぐに問題全体に疑念を投げかけるような脚注が出てくる，「もし，その夢や神経症が幼年期に発生したものでないとすれば，これらの省察はまったく無意味になってしまうということをもう一度強調しておかねばならない」。

本文は以下のように続いている。

　これが何に由来するかは，われわれには見当のつかないことである。われわれには何ら自由に使える思考材料がないのだ。唯一の類推として――有力な類推であるが――動物にあまねく存在する本能的（instinctive）[この箇所のドイツ語の原文は**instinktiv**であって**triebhaft**ではないとストレイチー（Strachey）が述べている脚注がある。後者は通常「instinctual（本能に近い）」と訳される] 知識がある。

　もし人間にもこのような本能的なものがあるとすれば，それが特に性生活の過程と関係していても驚くにあたらないだろう，たとえそれが性生活に限定されることはありえないにしても。[生まれつきのものは性的なものだけであるはずがないという重要な言明に注目。] この本能的な要素はやがて無意識の，すなわち原始的な類の精神活動の中核となる。その原始的な精神活動は，のちに理性が獲得されるようになればその王座を奪われるのだが，人によっては，おそらく万人にであろうが，高次の精神活動をその原始的な精神活動にまで引き下げる力を保有しているのである。[生まれつきの自我についてのフロイトの後期の考察とは対照的に，現実との内在的な関係など存在しない

第 2 章 内的なものと外的なもの 41

と含意している重要性に注目。] 抑圧はこの本能的段階への回帰であろうし，人間はかように，偉大な新しい獲得物のため，神経症に陥りやすくなるという代償を払うのである。また，人間が神経症になりうるということは，これらのより早期の，本能的とでも言うべき前段階の存在を立証するものである。早期幼児期の心的外傷の意義は，続く発達過程による磨耗を防ぐような材料を，この無意識に与えていることにある [p.120]。

私は，生まれつきのスキーマは経験により磨耗しうるという考えが，フロイトが生まれつきのものの普遍性と中心性を強調していることに照らして驚くべきものであることを発見した。これはまたもやラマルク説なのだろうか？ そのうえ，心的外傷が生まれつきの無意識に影響するという考えは，生まれつきのものと経験的なものとの通常の古典的区分をぼやけさせてしまうように思える。これは，生まれつきのものと経験的なものについての，構成主義的な立場をほのめかしているのだろうか。続く本文は，実質的に反転している。

　これらに類似する思想，人間生活の中で遺伝的系統発生的に獲得された要因を強調する思想が多方面にあらわれていることを私は承知している。実は私は，人々は精神分析の中にそれらの思想をすんなり受け入れる余地を見出してきたし，それらを重要だと考えてきたという持論である [！] 私は，それらの思想が容認できるのは，精神分析が正しい優先順位を順守し，個人が獲得したもののいくつもの層を通り抜けて，遺伝してきたものの痕跡にたどりつく時だと考えている [p.121]。

ここでわれわれは，生来的なものを重視するフロイトが，現象を経験によって説明しようとする努力を徹底的に行ったのちにはじめて，生来的なものを本格的に考察するべきだと力説していることに気付くのである。ヘッケル (Haeckel) の用語で言えば，系統発生に先行して個体発生を取り上げるべきだと言い換えられるだろう，少なくとも技法上はであるが。

内的なものと外的なものを区分する表現の仕方はいくつかある。すなわち素因VS.（早期のと記述される）経験，遺伝的なものVS.経験的なもの，欲

動 VS.（対象）関係，精神内的なもの VS. 対人関係的なもの，空想 VS. 知覚，心的現実 VS. 物質的現実，内的世界 VS. 外的世界，非社会的 VS. 社会的などである。

　これらのうちすべてではないが多くの組み合わせで，内的な要素は本能的な（おそらく生来的な）欲動と空想であるのに対し，外的な要素は対人関係的なもの，すなわち対象関係を含むものである。精神分析理論では対人関係論と対象関係論は同義ではないが，それについてはのちに論じることにし，まずは欲動と対象関係という二分について考えていこう。

　見解の相違はまさに人生の出発点から始まっている。幼児は世話をする人(ケアテイカー)と一次的に結びついているのか，それともそのような関係は身体的欲求の充足から二次的に生じるものなのか？「あれかこれか」ではなく，むしろ一次的か二次的かという問題であることに再度注目してほしい。

　一次的な身体的欲求としてはっきりしているのは，食物に対する欲求である。母親との関係は，母親が食物の供給をすることから二次的に生じるものなのか？　ハーロー（Harlow, 1958）の有名な実験は，幼児の猿に二つの模造の「母親」——食物を持った針金製の猿と食物を持っていないタオル地製の猿——を与えて，どちらを選ぶかを調べたものである。子猿はむろん，空腹時には周期的に食物を持つ猿のところに行ったが，ほとんどの時間をタオル地製の「母親」のそばで過ごし，また怖がっている時にもそちらに向かった。子猿は母猿に関して，タオル地の感触に反応していた。しかしそれでも，子猿はタオル地の感触によって二次的に「母親」に反応していたのかどうかという疑問が残る。幼児は母親「それ自体」に，何らかの五感にもとづいた反応でなく反応しているのだろうか？　あるいはこれは無意味な疑問なのだろうか？　というのも，そのような反応を支えている何らかの内的なあるいは外的なつながりが常にあるに違いないからである。

　そして幼児の微笑は何なのだろう？　幼児は最初はどの人間の顔に対しても微笑むが，すぐに母親役をする人にだけ微笑むようになる。私は，母親と幼児の関係についての広範で魅力的な最近の研究（Lichtenberg, 1983 参照）にあまり詳しくないが，幼児が極めて初期から外の世界と関係しているという証拠は数多くあるという印象を持っている。したがってフロイトの早期自

閉期の概念については擁護できない。

　フロイトが，対人関係は欲動より二次的なものだという考えを表現している中に，欲動について最も可変性のあるのはその対象だと述べているところがある。しかしフロイトはまた，欲動がある特定の対象に代替不能に固着することがあり，そのような固着は正常な可塑性の病的喪失を意味するという見解も示している。対象関係はゆるぎなく永続するのが正常だとはいえ，失った対象に置き換えるための新しい対象を求めることができないというのはやはり病的である。もう一つ，現実との関係は二次的なものだということをよく表現するのは，人の外界への最初の態度は憎悪だというフロイト（Freud, 1915）の主張である。なぜなら外的現実には，どっと押し寄せる刺激が避けがたく含まれているが，フロイトのメタ心理学的エネルギー仮説によれば，生体は第一にその外界から押し寄せる刺激を駆逐すべきエネルギーとして反応しているということになる。この意味で，外界との最初の関係は憎悪の関係である。少なくともまず第一に，現実はエネルギーがすみやかに放出されるのを妨げるものとみなされる。

　内的－外的，内在的－外在的，欲動－対象関係――といった組み合わせは二分的に表現されているが，先ほど示したように論議されるのは，実は強調もしくは序列の問題である。外的な要因が強調され上位概念に据えられているような理論について，ちょっと考えてみよう。

　このようなモデルは，本質的に環境主義モデル，すなわち心は何も書かれていない白板で経験によって書きこまれていくものだと主張するモデルであるとしばしば間違って受けとられる。古典的フロイト理論からみると，そのような**タブラ・ラサ**（白紙）の概念は基本的に間違っている。なぜなら経験へのその個人独自の寄与（内的な要因）が抜け落ちているからである。このような概念は，適切な環境があれば葛藤も精神病理も存在する必然性がないと暗に示していると思われるため，皮相的な甘い楽観主義であるとして古典的理論家に嘲笑されている。それは，困難に対する患者のあらゆる責任を免除し，患者の他責的な傾向を強めてしまう理論であると言われる。それは，患者の自助を動機づけるように設計されたあらゆる治療計画の土台を蝕んでしまうであろう。

純然たる環境主義の理論は実際にそのような批判を受けても当然だが，「関係的構造」モデル（Greenberg and Mitchell, 1983）はそれほど純粋に環境主義的というわけではない。ただし，欲動論と比較して関係モデル理論の中で環境へと強調点が移行したので，また多くの関係モデル理論家たちが生来的な要因に多くの注意を払わなかったので，関係論モデルの中には純然たる環境主義モデルに見えるようなものもある。ミッチェル（Mitchell, 1993）とグリーンバーグ（Greenberg, 1991）の最近の著作は，関係モデル理論家による今までで最良の著述であり，内在的な要因をも考慮に入れようと試みている。それにもかかわらず，それらの理論家でさえやはり古典的モデルと比較すると内在的な要因を下位に据えている（Slavin and Kriegman, 1992）。ハリー・スタック・サリヴァン（Harry Stack Sullivan, 1940, 1953）は，内的な要因をまったく否定していると時に誤解される。実際にはそうではないのだが，彼はあらゆる精神活動を対人関係の文脈で生じるものとみなしているので，そのような文脈と離れた自己の存在を時に否定しているように見えるのだろう（Sullivan, 1964）。対人関係学派は内的な要因もいくぶん考慮に入れているが，対人関係学派の指導的立場にあるレヴェンソン（Levenson）は，内的な要因を「想像」の漠然とした産物（Gill, 1993参照）だとして捨て去っている。

　欲動モデルにおいては内的な要因が上位概念であるとはいえ，種々の欲動モデル理論家もさまざまな程度に外的な要因の重要性を指摘している。次の一節は，欲動モデルのもともとの提唱者であるフロイト（Freud, 1921）が外的な要因の重要性を最も明確に強調しているところである，「個人の精神生活においては誰かほかの人が，模範として，対象として，援助者として，敵として，常にかかわっている。だからまさにはじめから，個人心理学は，言葉の広い意味においてまた完全に正当な意味において，同時に社会心理学でもある」(p.69)。

　多くの理論家は，フロイトの欲動モデルは生来的な要因を第一に重視しているという印象を持っているので，欲動モデルに不賛成であることは生来的な要因の役割を全面的に否定することに等しいとみなす。しかし，対人関係を上位概念とするか，あるいははっきりと重視するモデルが，生来的な要因

を考慮に入れないわけではない。古典的モデルは早期の経験を内的な図式（スキーマ）の中にあらわれたものとみなしている。しかし多くの関係理論家は，今日の古典的モデルが早期の経験を最重視し現在の経験を軽視しているという点で首尾一貫していないと考えている。ミッチェル（Mitchell, 1988）は「発達の論争」（development tilt）という題目でそのような見方を詳細に論じている。生来的な要因の役割を当然とみなして，対人関係の問題を主に論じるモデルもあるであろう。一例として，マーガレット・マーラー（Margaret Mahler, 1968）の提唱する分離－個体化理論がある。

　精神内界という用語や対人関係という用語は，元来外延的な価値よりむしろ内包的な価値を持つものである。精神内界的というのは，生来的な欲動が一次的であり経験は比較的重視しないことを意味し，一方，対人関係的というのは，経験を一次的とし生来的なものは比較的重視しないということを意味している。さらに，一方が他方を戯画化しているために誤解が生じやすい。というのも精神内界的な立場もまた対人関係を扱い，対人関係的な立場も精神内界の世界を認識しているからである。したがってそれぞれの用語は，実際には内的な要因と外的な要因の両方を含んでいる。精神内界的という言葉自体すら両義的である。なぜならそれは，生来的なものなのか，外的なものが内在化したものなのか，あるいはその両方かということがはっきりしていないからである。

　内的なものと外的なものの二分を定式化するもう一つの指針として，人間のふるまいを分析するための基本単位の構成要素は何かということがある。欲動論の見地からはそれは一つの生物学的な有機体であり，関係的な見地からはそれは一人の人物である（Gill, 1983）。カンバーグ（Kernberg, 1976）は両方の見地にまたがって，自己表象，対象表象，二者が関与する感情としてこの基本単位を記述している。性的な欲動と攻撃的な欲動は，カンバーグが提唱するには，発達過程において生じるものである。

　今やいくつかのフロイト派の中でも対人関係がより強調されるようになってきてはいるが，暗示的にせよ明示的にせよ，対人関係的な見方は欲動的な見方に対し依然として下位概念となっている。グリーンバーグとミッチェル（Greenberg and Mitchell, 1983）は，フロイト派がどのようにして基本的な

欲動論の見方を棄却することなく「都合よく」対人関係に関するデータを扱っているかを示した。対人関係的な見方の側にもまた，程度としてはずっと少ないが，欲動に関するデータを「都合良く」用いる動向が並行して存在する。

対人関係という用語は，しばしば暗に現在の「いま－ここ」の関係を強調し，一方，対象関係という用語は暗にクライン派の精神内界の対象関係を強調している。しかしながら英国の対象関係学派は，精神内界の対象関係に加えて外的な対象関係をもいくばくか強調している。クライン派の対象関係論の立場に立つと，英国の対象関係学派は，対象関係論が生来的に決定された対象関係を強調してきたのに比較して適応的な志向に過ぎるということになるし，その逆もまたしかりである。両対象関係学派とも，対人関係理論は精神内界の対象関係を軽視し，言うまでもないことだが欲動の考察をも軽視しているとみなしている。違いは単に何が強調されるかという問題ではなく，何が上位概念と認められるかということにある。

「精神内界主義者」と対人関係学派の論争は主に，後者はただ対人関係を外側から見て外に現れることにだけ関心を持っているのだと前者が信じていることにもとづいている。それゆえ「精神内界主義者」は，対人関係理論を精神分析的というより社会学的だ（Kohut, 1971; Schwaber, 1992）と言っている。対人関係理論にはそういう批判を受けても当然のものもあるかもしれないが，たとえばウィリアム・アロンソン・ホワイト研究所の教授陣のような対人関係理論の主な唱道者は，対人関係を社会学的な意味ではなく心的現実の中で**経験された**という意味において理解している。この意味で，外部の観察者からは同じ意味に見えるような特定の対人関係が，当事者の心的現実の中では実際には非常に異なった意味を持っているかもしれないのである。大部分の関係学派と対人関係学派が同じように心的現実の重要性を十分認識していることを，古典的分析家はわかっていないことがままある。

ここで再度，構成主義の概念は，すべての現象が内的な構成要素と外的な構成要素の両方を持っているという概念とは異なっていることを強調しておく。というのは，構成主義においては，内的なものは外的なものを形成する役割を果たし，外的なものは内的なものを形成する役割を果たすからである。

外的なものと内的なものの間に区分をもうけることは，互いがもう一方を形成するのに寄与していることがしっかり認識されていない限り，誤解を招く。私が述べたように，ストロロウ（Stolorow et al., 1987）は間主観性，すなわち相互に影響し合う二者の心的現実の間の相互作用という考えを提唱しているが，彼は生来的な内的要因の役割についてはあまりはっきりと示していない。

異なる見解の支持者の間でこれらの議論が続いているにもかかわらず，過去10年で精神分析の世界において，外的な要因にますます多くの注意が払われるようになり，内外の要因が等しく扱われる方向へと移行してきたことは疑いない。避けがたいことだが，振り子は行きすぎることがある。

私が特に重要と思うのは，二つの要因のどちらがより重要かについて一般論で考えないようにすることである。それぞれの場合は，私は場合という言葉で一つの原則から一つの分析の中の一つの出来事までを含めて言っているのだが，それぞれ独自に決定されねばならない。どちらかの要因に目を向けることが，もう一方に対する防衛策に用いられることがある。古典的な過ちとして，外的なものに対する防衛として内的要因に移行することはよくあるが，その逆は少ないと私は思う。たとえば「いま－ここ」の転移を扱うのを回避してある問題の発生論や欲動論に飛躍すること，あるいはそれとは別に態度の問題に飛躍することを私は言っている。もっとありふれた誤謬として対人関係学派や関係学派がおかすのは，むろんその逆である。個々の事例で何を強調すべきかを決定するのは，精神分析の芸(アート)なのである。インダービッツィンとレヴィ（Inderbitzin and Levy）の最近の論文（in press）は，かつて「なんでも粉挽き機の材料となるものだ」（どんなものからも得るところがある）という諺は経験的な**出来事**はすべて分析されるべきだということを意味したが，今や多くの人たちにとって，いかなる経験的な出来事も分析されうるということを意味すると論じている。その結果，被分析者との関係において分析家が比較的制約されないふるまいをすることがしばしば生じ，それは分析状況の外にまで及んでいると彼らは感じている。それゆえ彼らは，経験的なものは精神内界的なものへの防衛になりうると論じている。彼らの主張はよく認められているが，その逆もまた真なのである。すなわち，精神

内界的なものが,経験的なもの特に分析状況での「いま－ここ」の相互作用に対する防衛として用いられることがある。

　後に論じるつもりであるが,われわれは三つの主要な精神分析モデル——欲動－自我モデル,対象（対人を含む）モデル,そして自己モデル——をおのおの概念的解釈的序列という観点から記述することができる。欲動－自我論は,自己と対象の論点を欲動－自我の用語に言い換える。対象心理学は欲動－自我と自己の論点を対象の用語に言い換え,自己心理学は欲動－自我と対象の論点を自己の用語に言い換える。だがそれぞれが,程度はまちまちだが他の二つを考慮に入れている。

　要約すると,私は精神分析を,生来的なものと経験的なものの両方を含み,その二者が構成主義的な概念化において互いに形成し合っているものとして概観してきた。精神内界的なものは遺伝的なものと内在化された経験の両方を含み,後者は心的現実として経験されたものと理解される。同じモデルがスレイヴィンとクリーグマン（Slavin and Kriegman, 1992）によって,現代進化論の文脈で発表された。興味深いことに,彼らはフロイト同様に,遺伝的なものは進化による経験が沈殿したものかもしれないと推測している。ラパポート（Rapaport, 1957）は,遺伝的なものと経験的なものの相対的な自律性を説明する類似のモデルを発表した。彼は外的現実に適応するための遺伝的な装置を強調した。ハルトマン（Hartmann, 1948）は,現実からのイドの疎外と平均的に期待される環境の重要性を強調した。無意識的な空想という意味での内的要因は精神分析に特有の偉大な発見であり,精神分析がやはり熱心に堅持すべきものであると言える。

## 葛藤と欠損

　内的なものと外的なものの相対的な役割についての論争のもう一つの形態が,葛藤概念と欠損概念の関係において明らかに見られる。クリス（Kris, 1956）は,よく引用される言葉だが,精神分析を葛藤という観点からの心理学であると述べている。

　精神分析を葛藤の心理学と定義することは,精神分析を一般心理学よりも

病理心理学にしてしまうように見えるかもしれない。しかしもし人間の精神の性質に葛藤が不可避なものであるならば，健康な人も病める人と同様に葛藤に耐えなければならない。だから精神分析は，病者の心理学であると同様に正常者の心理学でもある。しかし，だからといって精神分析は，人格心理学は別にして，一般心理学とはならない。たとえば感覚器官の機能のような——それらの機能が葛藤によって障害される場合を除いて精神分析の領域外であるような——心理学の側面がある。ハルトマン（Hartmann, 1948）の原始的な自律装置としての感覚運動系の概念が，感覚運動系の正常心理学に貢献するとはとうてい言い難い。フロイトが，正常な機能においてはイド，自我，超自我は見分けるのが難しいほど協調して作動していると書いているとはいえ，やはり古典的な精神分析では，生来的な欲動が葛藤を不可避にすると考えられている。

　ここでもう一度言っておくが，古典的な精神分析では内的なものは外的なものの上位概念である。たとえば普遍的に存在するエディプス・コンプレックス——しばしば人類の中心的葛藤として描かれる——は，社会（少なくともわれわれの社会）が非難するような願望から成り立っている。しかし社会的規範との葛藤はまだ内的な葛藤とは言えない。超自我の形成に伴って規範が内在化された結果，内的な葛藤もしくはシステム間の葛藤が生じる。しかしさらに第3番目の類の葛藤，両者とも生来的なものである二つの衝突する目標の間に起こりうる葛藤がある。そういうわけで三種の葛藤が起こりうる。すなわち生来的なものと外的な環境との間の葛藤，生来的なものと内在化された外的なものとの間の葛藤，衝突する二つの生来的な目標の間の葛藤である。

　葛藤と欠損の間の二律背反は，よく議論される問題となっている。というのは，コフートの自己心理学は葛藤より欠損を強調しているのだから真に精神分析的ではない，と古典的分析家から言われるからである。自己心理学で考えられる欠損は対人関係の問題に起因するものであるから，自己心理学は精神内界理論よりも対人関係の心理学ということになる，と古典的分析家には理解されている。たとえばコフート（Kohut, 1984）の自己心理学では，エディプス・コンプレックスは深刻な葛藤の不可避な源泉であるというよ

り，適切な経験があれば「喜びにあふれた」発達段階になりうるものとされる。とはいえコフートは，何らかのエディプス葛藤が常に存在することは否定していない。欠損が強調されるところでは，何が精神病理をもたらすかについて，遺伝的なものあるいはより広く言えば内的なものより経験に大きな役割が与えられる。実際，自己心理学は，精神内界と対人関係というこの問題に対して矛盾する立場をとっている。

　自己心理学者の中には自分たちの立場は精神内界的な立場だ（Goldberg, 1986）と熱烈に主張する人たちもある。すでに述べたが，この理由の一つは，自己心理学者は対人学派が対人関係をそれが精神内界でどのように経験されるかという観点から扱っていることを認識していないからだと私は思う。自己と対象の欲動的な関係（Bacal and Newman, 1990）を認識している自己心理学者もいるが，他の自己心理学者は，映し返し(ミラーリング)，理想化，双子化に対する自己の欲求を満足させるかどうかという見地から主体が定義する「自己対象」の概念しか認識していないように思える。実際，古典的な分析家の間では，自己心理学者は対人関係を過剰に重要視しているだけでなく，精神分析ではなく精神療法を施行していることになってしまうほどに——この二つの言葉は私が前述したように通常区別される——患者と相互作用しているという見方が一般的である。

　自己心理学者の中には自己心理学理論の中の対人関係的なものを最小にとどめている人もいるが，自己心理学は逆説的なことに，被分析者がその生活史の中で，子どもの承認欲求に適切に反応し，尊敬する人さらには理想化する人を求める子どもの欲求をみたしてくれるような世話をする人(ケアティカー)とともにあったかどうかを大いに重視する。自己心理学者は子どもが生活史の中でもった相互作用だけでなく，被分析者が現在の分析家との間でもつ相互関係をも極めて重視する。自己心理学者が言うには，分析家は共感的であろうと努力するが，へまをすることも避けられない。実際，彼らは，正しく共感することの避けがたい失敗を，彼らの言う「変容性内在化」——それは分析家への小さな同一化に近い響きを持っている——に欠かせない一要素だとみなしている。たしかにこのような考察は，被分析者の過去と現在の両方における対人関係の経験を重視している。

よく提唱される立場に，葛藤と欠損は同じ現象に対する異なる見方であって両者は常に共に存在するというものがある。葛藤は発達を妨げるので，そうでなければ発達していたであろうものが欠損することになる。一方，欠損は不可避的に葛藤を生む，というのは欠けているものは欠けているものへの願望とその願望放棄との間の葛藤の焦点となるからである。広い観点で一例を挙げると，愛を受け入れることへの葛藤があれば，愛が手に入る場合でさえ愛を受容することへの抵抗（欠損）が生じる。むろん統合的な見解は葛藤と欠損，すなわち内的要因と外的要因の両者を考慮に入れたものとなるであろう[3]。

この論点が徹底して論じられている最近のモノグラフで『葛藤と妥協』(Dowling, 1991) と題されたものがあるが，これは実のところ『葛藤と欠損』と題すべきものである。そこでは，欠損概念の支持者である孤高の自己心理学者，ポール・オーンスタイン（Paul Ornstein）が批判の集中砲火をあびている。このモノグラフには臨床素材も含まれていて，一読の価値がある。私は別のところでもこのモノグラフについて詳しく論じている（Gill, 1994b）。

分析の主流が欠損という概念を拒否している理由の一つには，欠損の概念が古典的欲動論を拒否している自己心理学者にも採択されているので，欠損という言葉が「罪の意識を抱かせる」ということが幾分かある。多くの分析家が実際には欠損という概念を受け入れているのだが，それを発達上の欠陥というような別の名称で呼んでいる。

欠損という概念が拒否されるもう一つの重要な理由は，欠損という観念は多くの人たちにとって言外に何かの欠如，心の空隙(くうげき)を意味するからである——そして一部の自己心理学者がそのように扱っていることがあるのは否定できない。心の空隙という概念はむろん無意味である。心的構造は望まし

---

[3] 私の分析家の一人がこう言ったことがある。あなたの両親のふるまいであなたが抱える困難の95％の説明がつき，残りの5％はあなたの両親のふるまいがあなたにどう経験されたかで説明がつくのならば，自分に興味があるのはその5％だけだと。今の私には当時より明瞭に彼の言わんとしたことがわかるが，それでも私が激怒したのももっともだと思っている。

いものでないこともあろうが，欠けているということはありえない。

　心の空隙という観念は，理論と臨床の両面に甚大な悪影響を及ぼしている。なぜなら被分析者の側が欠損もしくは欠如という感覚をもてば，それ以上深められないまま分析家に受け入れられてしまうことがあるからである。主流の分析家にとっては，被分析者のもつ欠損という顕在的な感覚は，それをより探索し分析するための単なる起点にすぎない。この点はわれわれの論文で何度も指摘してきた。コフート（Kohut, 1977）の「自己－状態の夢」「空虚抑うつ」という概念は，また断片化の概念でさえ，自己心理学へのこの批判に根拠をいくつか提供している。不運なことにこれらの用語は，特に最後の二つは確実に，自己心理学者に比喩としてではなく扱われることがあるが，実はそれは比喩なのである。そこでふたたび自己心理学者に対するよくある非難が登場する。彼らは欲動を根拠なく否定している——むろん主流の分析家はこれらの比喩を分析すると欲動の論点につながると考えている——その上彼らは皮相的な顕在意識を根拠なく受け入れ，その下に横たわる隠れた無意識を探索しないでいる。

　欠損には，欠けているものを埋め合わせるための救済的な活動を分析家に要求するという含意があり，それがこの概念が主流の分析家から拒否されるもう一つの理由となっている。それはむろん，分析家の側の能動性という問題——中立性の概念でまとめられる概念体系によって禁じられている——をわれわれに真っ向から突きつけてくる。その問題はしばしば，ダウリング（Dowling）の編集したモノグラフでみられるように，「修正感情体験」という概念という形であらわれる。この修正感情体験については本書の別の部分で扱う。

　注意しなければならないのは，妥協形成という概念は通例——さきほど紹介したモノグラフにおいては必ず——もっぱら精神内界的なものとして扱われるということである。心の中のせめぎ合う力が妥協に達するのである。むろんそのような概念は，経験すなわち外界の役割を，それが精神内界的に表象される場合を除いて，極めて軽く扱っている。

　フロイト派の欲動と葛藤の概念は，しばしば結びついていると思われているが，実は必ずしも結びついていない。動機の理論を論ずる際に，私は葛藤

の不可避性という問題に戻るつもりだ。

　「欠損」は，最適とは言えない環境に言及する一つの方法にすぎない。葛藤に賛同して欠損を否定することは，もっとも順調な環境の中でさえ葛藤が不可避であることを主張する方法の一つである。葛藤を強調する者はむろん欠損も扱い，欠損を強調する者は葛藤も扱う。私がすでに述べたように，映し返し(ミラーリング)であれ何であれ，それを受け入れられない患者を扱っている自己心理学者は，これまた葛藤の領域の中にいる。こういう用語は実のところ，好ましくない経験の影響が第一か，経験が何であれ葛藤の不可避性が第一か，そのいずれかに忠誠を示すための専門用語なのである。このことは，外傷の重要性を第一と主張するか素因の重要性を第一と主張するかということとそんなにかけ離れているだろうか？　たしかにその相対的な比率は個々の症例において決定されなければならないが，両者ともに常に重要にちがいないのである。

# 第3章

# 一者心理学と二者心理学

　精神分析の内部で内的なものと外的なものの関係を論じる主要かつ特殊なやり方の一つに，精神分析は一者心理学なのかそれとも二者心理学なのかという議論がある。精神内界の構造――生来的なものと内在化された経験とをさまざまな割合で含む――は，一者心理学を通して接近しうる比較的閉じた系として概念化することができる。反対に，もし外的なものと内的なものの相互作用への着目が先行すれば，開かれた二者心理学を考えることとなる。対人的なもののみならず経験的なものにも注意を払うのであるから，二つの要因を考えることになると言う方がよいかもしれない。そして繰り返すが，精神分析的には，外的要因は現実に何があったかではなく，**経験されたもの**として扱われねばならないことを忘れてはならない。

　自己心理学は，自己を上位概念とするという意味で，一者心理学を重視している。自己心理学における才能と理想（むろん両者とも経験的な影響を受けるのだが）の重視は，一者心理学の重視でもある。一方，自己心理学における経験の重視は，自己心理学を二者心理学にもしている（Gill, 1994b）。

　対象関係がより重視されるようになるにつれ，精神分析主流への批判が大きくなって，さまざまなことが多くの人たちによって行き過ぎとみなされるようになり，分析状況における一者的な見方は二者的な見方に取って代わられるようになった。その後均衡が回復するにつれ，一者心理学と二者心理学の両方が必要ではないか，そしてもしそうなら両者はどう関係しているか，ということが問われるようになった。

　まず最初に，個人の精神と分析状況を区別しなければならない。**はっきりしているのは，個人の精神は一人の人間に関することであり，分析状況には二人の人間がかかわるということである。一人の人間の研究は，一者心理学

だけでなく二者心理学をも必要とするだろうか？　分析状況の研究は，二者心理学だけでなく一者心理学をも必要とするだろうか？

　フロイトの理論は，常に一者的な面と二者的な面の両面を有していた。まず一者的な側面では，精神病理は放出されねばならない鬱積した感情によるものとされた。これはフロイトの最初のカタルシス理論である。二者心理学の側面では，その理論は対人的である。フロイトは対人関係における心的外傷が精神病理の原因であると考えていた。これは初期の仕事である『ヒステリー研究』(Breuer and Freud, 1893-1895) の見解である。心的外傷の概念はすぐに性的外傷に狭められ，精神病理は子ども時代の性的外傷によるという誘惑理論が登場した。そして最終的には，誘惑の話の多くは空想であったという発見にともない，本能欲動論が生まれた。フロイト派の著作には，対人関係にまつわる論点が常に大きく影を落としてはいるとはいえ，この欲動の重視が精神分析を一者心理学として特徴づけることにつながっている。主流フロイト派は，精神分析においては対人関係が大いに考慮されるという理由で，精神分析をこのように特徴づけることは大きな歪曲だとしばしばみなしている。それにもかかわらず主流の精神分析が一者心理学とみなされるのも無理はない重要な理由を，私は後に詳細に論じるつもりだが，ここでも少し述べておく。

　精神分析理論では，外的な出来事はしばしば社会心理学の問題とみなされ，出来事が精神分析の範疇に入るのは，ただそれが精神内界ではどういう意味を持つかということだけであるとされる。この考え方のおかげで，精神分析は一者心理学だという誤解を受けてきた。しかし外的な事柄はやはり重要である。たしかに，主体がある出来事をどのように経験したかを聞いて知るまでは，それが心の中でどれほど重要になりうるかを予見するのは不可能であると言える。誰にとっても重要だと予想されるような何らかの出来事が，ある特定の人には重要でないことすらある。しかしだからといって外的な出来事というものの重要性が減じるわけではない。対人学派が主に重視するのはそこであって，彼らは出来事，なかでも対人的な出来事というものを重視する。

　精神分析において転移の概念が中心的であることに鑑みると，フロイトが

発明した分析状況は，二者間のものあるいは後に二者状況と知られるようになったものとして理解されるかもしれない。私は，フロイトによる精神分析状況の「発明」と言っている。なぜなら，一方が心に浮かんだことをできるだけ自由に話そうと試み，もう一方は話している人物の心理状態を理解してその理解を伝えることにもっぱら専念するように互いにかかわり合うことを二者に要請するなど，フロイト以前には決して誰も思いつかなかったからである。

　明らかなのは，そのような申し合わせが発明されることが可能であったのは，ほかならぬ治療的文脈の中であったということである。というのは，苦しみから救われたいという望みのためでなくて，どうして人はわざわざそんなふうに他者と関係を持とうとするだろうか？　むろんこの分析状況にはそれに前駆するものがある。たしかに人類発祥以来，人々は友人に心の内を打ち明け助言を受けてきた。また分析状況は，より特殊な例を挙げれば，カトリックの懺悔に比べられてきた。

　しかしそれら前駆的なものと分析状況の違いは大きい。友人に対してはできるだけ自由に話そうなどと自身を拘束することはないし，また分析家はもっぱら理解を提供することになっていて助言は行わない。聖職者はむろん，許しを与え悔悟を求める。理解と許しの結びつきは，理解することは許すことであるという箴言に見出すことができるかもしれない。

## 転　　移

　精神分析における一者的なものVS.二者的なものについてのより具体的な議論が，主に転移に関してなされてきた。私が転移に関するモノグラフ（Gill, 1982）を書いた時には，自分が一者心理学と二者心理学の論争の一つの特殊な局面を論じているという自覚はなかったし，また生来的VS.経験的（内的VS.外的）に関する論争の特殊な局面を自分が検討しているとも思っていなかった。

　教育を受けた者なら誰でも，転移の概念，すなわち患者は生い立ちの中で影響力の大きかった人物とかかわるのと同じように治療者とかかわるという

概念に馴染んでいる。そうだとすれば分析状況を二者間の関係と理解しそうなものである。しかし実際にはそういう理解は比較的最近になってやっと一般に受け入れられてきたのであり，分析状況——および転移——が，マイケル・バリント（Michael Balint, 1953）の用いた言葉によれば，一者心理学あるいは二者心理学のどちらとして理解すべきものなのかはいまだに論争の最中である。

　転移は長らく，分析家と被分析者の関係ではなく，むしろ分析家－被分析者間の状況が被分析者によって**歪曲されたもの**と理解されてきた。関係について語ることは互いに巻き込まれている二者を仮定するのだから，私は「関係の歪曲」よりも「状況の歪曲」と言うことにしている。一方，以前からの考え方では，転移は二者間の関係の一つというよりも被分析者による分析家への歪曲とされてきた。

　どのようにしてそのようなことが起こってきたのだろうか？　私は二つ理由を考えてみた。知的な理由としては，医師が患者にはたらきかけるのであって相互にはたらきかけ合うわけではないという医療モデルが，精神分析的な状況さらには精神療法的な状況にまで，特に医師によって施行される場合に適用されたこと。情緒的な理由としては，分析家と被分析者の間に強く生じる感情的な相互作用は，心理的な治療状況では避けられないものなのだが，分析家と被分析者の双方によって否認されねばならなかったことである。

　転移の古典的な定義は，純粋に論理的な理由ですでに間違っていることが証明できると私は思っている。というのは，何が転移であるかを断定するのは分析家であるが，精神分析の基本的な教義によれば，われわれは自分自身の動機を曖昧さを残さず確信することなど決してできないのである。したがって分析家の判断は解釈と言わざるをえない。すなわち分析家は転移の形成にすでに参与している。これに対して，分析家は何が患者の転移であるかを結論づけるかもしれないがそれは無関係な傍観者の下した結論なのだ，という議論があってもよさそうである。しかし論点は分析家が正しいかどうかではなく，今まさに判断を下しているものに自身がすでに影響を及ぼしていることを分析家が認識しているかどうかである。さきほどと同じく二つの反論を提示しよう。知的な理由としては，分析状況に参加していることで，すで

に分析家は影響を及ぼしているということ。情緒的な理由としては，分析家もまた巻き込まれるか，巻き込まれないように防衛することが経験的に示されているということである。後者も巻き込まれの一種である。

　分析状況を一者心理学と二者心理学のどちらとして理解するべきかに関する議論は，より馴染み深い言葉で言えば，分析家は鏡（あるいは空白の映写幕と表現されることがある）か否かという議論である。フロイトによって最初にうち立てられた通常の古典的な原則では，分析家は患者から持ち込まれたものを映し返すブランク・スクリーンもしくは鏡である。ただしフロイト自身が決してブランク・スクリーンではなかったことは皆が知っている。実際の経験からするとこれは完全に机上の空論だと当然わかるので，ブランク・スクリーンという見解がばかげていることはそれほど長く見過ごされてきたわけではなく，ブランク・スクリーンへのさまざまな批判が登場した。それらの批判はホフマン（Hoffman, 1983）の古典的な論文の中で，標準的な見解，穏健な批判，急進的な批判に分類されている。彼のその論文の表題は，彼が何について論じているかをよく示している。その論文は「分析家の経験の解釈者としての患者」と題されているのである。「ブランク・スクリーンの概念の標準的な条件」によれば，フロイト（Freud, 1912）の言う友好的で愛情さえこもった転移，いわゆる抵抗とならない陽性転移の範囲内で，患者は分析家の専門性と善意に現実的に反応しているように見える。また患者は，逆転移の無遠慮な侵入に対して現実的に反応しているようにも見える。穏健派の批評家はこれらの標準的な条件に依拠しており，それらはおおいに重視し検討されるべきであると論じている。逆転移は極めてありふれていると主張する人々もいる。ただし彼らは，逆転移を適切な中立性への望ましくない侵害とみなし，それは分析家の入念な分析によって克服されうるとしている。

　穏健派の批判はまた，分析家による人間味のある援助的な姿勢――ブランク・スクリーンの姿勢からの，容認可能で望ましいとさえ言える逸脱――を奨励した。ある人々は，フロイトが考えたようにそれを転移の一部だとはみなさず，そのかわりにさまざまな同盟の概念あるいは分析家による良性の治療的な影響の概念を提唱している。最近ではイタリアのネラ・グィディ

(Nella Guidi, 1993)が,抵抗とならない陽性転移と平行して抵抗とならない陰性転移を提唱した。同様に,私は抵抗とならない陽性および陰性の逆転移も考えうると思う。

ブランク・スクリーンに対する急進派の批判家たちは,実質上は構成主義者である。彼らは,分析家の経験は必然的に両義的で,患者の「解釈」(従来で言う患者の「幻想」)に影響されていると論じている。そして患者の解釈はもっとも構成だと考えるのが有用であるとしている。しかしながら,それは選択され,神経症的に駆り立てられたものかもしれない。

転移への分析家の寄与が「大きい」か「小さい」かという見方をしたくもなるが,それは非常に危険な誘惑である。それは,もし分析家の寄与が小さいとすれば,ことによるとその寄与は取るに足らないもので,もしかすると全面的に払拭することができるものだという考え方に容易につながる。しかし分析家の寄与が小さいということはありえない。精神療法的な状況の設定自体が治療者によって保証されるものであり,したがって治療者の寄与はとてつもなく大きいということになる。構成的なものと考えるべきなのは分析家の解釈だけではない。その状況の性質に対する理解自体が一つの構成なのである。精神療法的な状況に参与する二者がその関係をどう体験するかの違いは,たしかに外部の観察者からは大きいとか小さいとか見えるかもしれないが,本当に重要な点は二者にとっての意味の違いであり,彼らがそれぞれの寄与分をどう自覚しているかである。実際は,量的に考えるとすれば,独断的な見方と相対主義的な見方が不合理に入り混じったものになるであろう。

レヴェンソン(Levenson, 1991)の鮮やかな臨床例が心に浮かぶ。患者は治療者がスープに毒を盛ったと責めた。治療者にはこの妄想的な考えに自分は何も寄与していないという確信がある。むろん治療者は患者にスープなど与えていないし(フロイトがネズミ男にニシンを食べさせたことが思い浮かぶ!),ましてや毒入りのスープなど与えていない。しかしこれが毒の入った解釈を与えられてきたという患者の体験の隠喩(メタファー)であったとしたらどうだろう?

構成主義は,分析家が患者の体験に寄与していることを含意するだけでは

なく，患者の体験が両義的であること，分析家の見方やふるまいが何に由来するかは完全にはわからないこと，および分析家と患者が転移と逆転移の中での"実演"（エンアクトメント）を通して，また関係における新しいあり方の模索を通して，相互作用的な現実を共同して創出すべく作用していることを意味している。私はこういう考え方をホフマンの著作から引き出した。

　リプトン（Lipton, 1977）は，分析家と被分析者は二つの異なる性質の関係を持つと論じている。リプトンは，現代の技法はフロイトの技法より劣る方向に変化したという持論を述べ，後退した現代の技法をフロイトのネズミ男の治療における技法と比較して解説している。リプトンが言うには「現代の技法とフロイトの技法との本質的な違いは，フロイトが技法から除外していた分析家と患者の関係という局面を取り入れるところまで技法の定義が拡張されてきたことである」（p.162）。リプトンは，フロイトが技法から除外していた分析家と患者の関係のそのような局面を強調している（ただしフロイトは「抵抗とならない陽性転移」についてのみ述べているのだが），「**決してそれらの影響が分析から除外されているという意味ではない。それどころか……**」（p.259）。リプトンは，フロイトの「関係的な」技法からの離反が生じたのは，転移を分析するより操作しようという，フランツ・アレキサンダー（Franz Alexander, 1956）の提案への反動によるところが大きいとしている。

　私が強調したいのは，分析家の側のあらゆるふるまいが，変化の一要因だったかもしれないとしても，その意識的な意図に反した反応を引き出してしまうという認識が大きくなりつつあることである。このように転移を「汚染」するのを防ぐため，分析家は自らのふるまいをますます制限するようになった。アペルバウム（Apfelbaum, 1966）は同様の主張をし，分析家が患者の無意識的な願望をあらわにしようと直接こころみることは賢明でないと認識していると論じている。しかしこの認識に対して，自我（防衛）の分析を拡張して応じるのではなく，解釈それ自体を最小限にとどめて応じる分析家が多かった。その結果，患者との表立った相互作用からの撤退が生じ，分析過程は会話であるというフロイト（Freud, 1926）の概念からの離反が生じた。後者は二者的状況を意味しており，衰えた退行的な独白——こちらは一者的

状況を意味する——と対照をなす。私は，分析状況が対人的であるという事実が分析家の撤退を原則として不可能にする，と別のところで主張した（Gill, 1982）。私は，分析家はもっとすすんで防衛解釈すなわち「自我の側」からの解釈をするべきだというだけではなく，分析を必要とする転移－逆転移の影響は不可避に生じるものだ（Hoffman, 1992a）と認識してもっと自発的になってよいのだということを後に論じるつもりだ。ポール・グレイ（Paul Gray, 1982）もまた，防衛を適切に分析することに失敗はつきものだと強調した。グレイはそれを技法におけるずれと呼んでいる。アペルバウムと私（1989）もこの論題と取り組み，どのようなものであれ，ある内容が衝動にも防衛にもなりうる（Gill, 1963も参照）ことを特に強調した。

　私は分析**状況**を論じてきたのであって，ある一個人の心理を論じてきたのではないことを強調しておかねばならない。すなわち私はレオ・ストーン（Leo Stone, 1961）に賛成である。ストーンは「主として個人（すなわち患者）の精神分析的な心理学にもとづく理論的考察は，力動的状況そのものから引き出される特別な考察によって補足されるべきだということを認識しなければならない（p.10）」と述べている。

　人間の個性は対人的相互作用を通してのみあらわれると言う人もいるし，また，そういう見方は，少なくとも生来的なものに関して，もっぱら一者心理学に属しているものをわかりにくくしてしまうと言う人もいる。内的なものと外的なものの関係，この変形の一つが生来的なものと経験的なものの二分であるが，その関係を論ずる際に私はこれらの議論のいくつかを再検討した。

　人間の心理学が他者との関係以上のものを含むかどうかを問うてみれば，答えは明白だと思われる。他者との関係は重要ではあるが，生存にとって重要なものはほかにもたくさんある。分析状況が二人の人間を含むということは，心的生活の核として対人関係の役割を過大評価する一要因となるかもしれない。対人関係が精神内界に表象されるとすることはまた，人間精神の他の側面を過小評価する要因となるかもしれない。

　人々との関係ということを心理的な機能の他のあらゆる面とからめて考えることは，それらの他の面を認識し損なってしまうもう一つの要因となるかもしれない。しかもまた別の可能性もある。精神病理があまりにしばしば関

係の問題としてあらわれるので，人間の機能の他の面が見逃されてしまうかもしれない。

　エマニュエル・ゲント（Emmanuel Ghent, 1989）は指摘している，「コフートは……人間の相互作用という目標を一貫して重視している対象関係論や対人関係論の理論家に比較すると，才能や理想や野心といった特質をつけ加え，そうする中で一者心理学の方向に強調点を移行させる傾向があった。実際に，対象関係論や対人関係論の弱点は，直接に対人的でない論点をほとんど扱わなかったことである」（p.193）。もちろんコフートによる自己の重視もまた，一者心理学を強調する方への移行である。注目すべきことに，自己心理学者の多くが彼らの理論がおおいに対人的で**もあること**を否定している。私の思うに，正統な精神内界的な精神分析家ではないとみなされることを恐れてのことだろう（Gill, 1994b）。

　当面のところ，精神分析は一者心理学と二者心理学の両方を必要とする（Ghent, 1989）とだけ言っておこう。一者心理学と二者心理学に関するこの議論が，分析状況についての**理論**に関して生じてきたことを心に留めておくことは重要である。実際の臨床では，分析家は常にさまざまな程度に，実践的に，一者的そして二者的の両方の文脈で仕事をしてきた。

## 同盟概念

　古典的分析家が分析状況を二者関係とする見方に不本意ながら譲歩したものが，分析家と被分析者の同盟という概念である。その概念が大昔に遡ることは疑いないが，その現代的な用法は，少なくとも精神分析と精神分析的精神療法に関する限りフロイトに回帰する。フロイトは，分析は分析家と被分析者の共同の仕事であり，それなくして分析は成立しないと述べた。フロイトはこれを転移神経症と分析不能な精神病の区別として表現した。この意味での転移神経症は，幼児神経症の反復としての転移神経症という通常の概念ではなく，疾病分類上の名称である。

　フロイトにとって疾病分類上の名称としての転移神経症は，患者に対象関係すなわち治療者への転移を形成する能力があるため分析で治療できる障害

である。類似の表現をするなら，分析家は分析状況を創り出すために，患者への逆転移（関係）を形成しなければならないと私は信じている。フロイトは精神病は転移が展開しないため分析不能であると述べた。その定式化は，今日の考え方では，精神病は転移があまりに圧倒的であるために分析不能だというものに変化した。すなわち，その患者の治療者に対する見方が吟味され変容されうる状況という意味での，治療者との現実志向的な関係が存在しないのである。転移が圧倒的になればなるほど，患者は一人の人あるいは一人の治療者を他の人と区別できなくなる。

　同盟概念は，ゼッツェル（Zetzel, 1956），グリーンソン（Greenson, 1965），サンドラー，デール，ホルダー（Sandler, Dare, Holder, 1973）らの研究の中でいっそう明らかになった。これらの著者が同盟に与えた名称は幾分異なっており，それぞれ，治療的同盟（therapeutic alliance），作業同盟（working alliance），治療同盟（treatment alliance）と呼ばれている。

　たいていの精神分析家と精神療法家は，これらの同盟概念を有用で重要なものとして受け入れてきたようだが，そうすることは，そもそも分析理論と臨床の中で暗黙に了解されていたものを明確にしたというだけのことである。同盟概念の重要性が明確になったのは，あまりに厳格に引き下がって沈黙しているとみなされるようになった分析家の姿勢を修正しようとする試みからであったと私は思っている。この厳格な姿勢というのは，少なくともある程度まで，精神分析と精神療法の区別をはっきりさせようとする努力であった。というのも，より相互作用的で感情を表に出した姿勢は支持的で安心感を与えるもので，もっぱら洞察をもたらすように作られている分析の目標に反するとみなされていたからである。このあまりに厳格な姿勢に対する反動の一つの画期的な仕事が，レオ・ストーン（Leo Stone, 1961）のモノグラフ『精神分析状況』であった。専門家の著述の中では言うまでもなく，一般向けの雑誌，特に漫画の中でよく風刺的に描かれるこの姿勢が，不必要な医原性の退行をもたらすとストーンは指摘した。とはいえ彼は，意味のある退行は精神分析過程の必要な部分であるという，一般に受け入れられている考えには賛同していた。同時にストーンは，彼の言う「母親へ回帰し融合しようとする衝動」を被分析者は誰しも持っていると強調した。彼は，このよう

な衝動のある程度の充足は必要かつ不可避であるとみなした。しかし，ストーンのモノグラフは同盟をはっきりと強調する研究者たちの著述に先んじていたので，彼はその問題を論ずる際に同盟という名称を用いなかった。

　この厳格な姿勢の定式化として傑出しているのは，クルト・アイスラー (Kurt Eissler, 1953) によるものである。アイスラーは，純粋な解釈からのいかなる逸脱も一つの修正技法（パラメーター）であって，治療が真の精神分析と称すべきものであるならば，そのようないかなるパラメーターも解釈によってゼロにされるべきだと主張した。しかし分析の風潮がそのような姿勢から脱却するようになってすでに長く経過し，ますますその傾向が強まっていることは，米国精神分析学会の1992年12月大会でのアイスラーの概念に関するパネルディスカッションではっきりと証明された。自己心理学派が分析状況における「より友好的な」雰囲気を強調した (Wolf, 1988) ことは，この風潮のさらなる証拠である。

　同盟概念の現代版が，いわゆる抱え環境という概念である。この概念はウィニコット (Winicott, 1971) によって創始され，現在ではモデル (Modell, 1990) により擁護されている。それは重い病態の患者の治療において特に優れているとみなされている。抱えの概念とは，患者が分析作業を始めるに十分なほどの治療者への信頼が持てるようになるまで，おそらく長期間にわたり，治療者が分析作業をすすめるのを避けることである。またしても抱えを擁護する人々は，そのような抱えは言語化されない相互作用であって，相互作用を極力避けて実際起こってしまった相互作用は分析するという分析の教義に反しているという事実について，明確な議論をほとんどしていない。もちろん，抱え環境は分析作業を深めていくことが可能となる時点までは必要であるが，ある時点でそれまでの抱えの意味を吟味する必要があることが十分に認識されていないようだ，との反論もあろう。これは，転移は即座に容赦なく最初から分析されなければならないのか，あるいは，分析家が転移を識別できると確信を持った時点であるべきなのかということについて議論する中で，私がもっと詳細に追求しようと考えている点である。

　コフート (Kohut, 1984) もまた，時に映し返し（ミラーリング）や理想化への患者の要求を分析することを相当長期にわたって差し控えるように勧めた。しかしコフ

ートはそれを最終的には分析することを推奨した。コフートが戦術の変換だけでなく，それまで分析を差し控えてきたことを患者がどう経験したかを明確にすることをも含めるつもりだったのかどうかについては，私は疑問に思っている。

　フロイトは後になって何気なく同盟という用語を用いはしたが，最初は別の命名をしていたので，フロイトが精神分析的な作業に極めて重要なものとして同盟を育成するよう勧めた，あるいは少なくともそれが必要だと言ったことはあまり知られていない。フロイトはそれを抵抗とならない陽性転移（Freud, 1912b）（後には患者－分析家の共同研究［Freud, 1940］）と呼んだ。フロイトは抵抗とならない陽性転移は分析過程を維持する上で必須と感じていた。この陽性転移を，フロイトは真の転移すなわち過去にもとづく関係のパターンが分析状況へ持ち込まれたものだとしていた。しかしこれが「真の」転移であると理解されていないことがある。なぜなら，間違いだが広く支持されている見方に従えば，それは現在の患者－分析家関係の歪曲ということになるのだが，この陽性転移はそうではなくてむしろ「合理的」な適応と思われているからである。それが分析状況への極めて**選択的**な反応かもしれないという事実はたいていすぐに明らかになる。というのは，分析状況にふさわしい反応は，最初は確実に，この新しい関係がどのようなものであるか知るための用心深い試しであろうからである。資格をもつ臨床家に，それも一流の評判を持つ臨床家にみてもらっているという事実にもとづく全幅の信頼ばかりが，適応的な反応として生じるわけでは決してない。だがフロイトにとってこの抵抗とならない陽性転移こそが，とりわけ分析家が被分析者を自身が聞きたくないような考えに直面させる時に，彼が分析家の言うことに耳を傾ける主な理由なのである。

　しかしたしかに，まずはじめは**ある程度の**信頼が必要である。信頼が育つかどうかは，実際起こることによってその信頼が裏付けられるかどうかによる。そのうえ信頼は，陰性感情の嵐の試練によって，また表面からはわかりにくい防衛的理想化によってテストされる。そういうわけで同盟は，分析作業がうまくいった場合に**生じる**のである。分析が始まったばかりの時の無条件で完全な信頼は，それによって不信が隠されているかもしれない警告と考

えるべきである。

　マーチン・スタイン（Martin Stein, 1981）は，一見したところの抵抗とならない陽性転移がいかに大きな抵抗となりうるかについて非常によい論文を書いている。この現象は教育分析において特にはっきりあらわれる。教育分析では，志願者は自分の職業上の昇進が分析家にかかっていることが多いので，分析家の反感を買うことをひどく嫌がる。

　ストーン（Stone, 1961）のモノグラフは，巻き込まれない傍観者という分析家の概念を修正する重要な一歩であった。それは私にとって，自分の受けた古典的訓練に打ち克つ助けとして特に重要であった。私はストーンの念の入ったやや衒学的な表現の中に出てくるこの言葉を忘れたことがない，「『自分がもしひどい堅物だったとしても』患者は同じような真に迫った転移性恋愛を自分に向けてきただろう，と何年も前に古株の同僚が熱狂的に［！］言い切ったのは，悲しいことに（あるいは幸運なことに！）本当ではないのだ」（p.41）。

　同盟概念はすでに述べたように，精神療法だけでなく精神分析においても同様に，患者－治療者関係のある面を概念化する重要なやり方としてかなり広範に受け入れられている。これは分析家が厳格に距離を保つよりももっと人情味を隠さずにいるという観点から，特にグリーンソン（Greenson, 1965）によって論じられた。グリーンソンはまた，「不合理な」転移だけでなく，患者と治療者の間に現実的関係があることをも強調した。

　しかし異議を唱える声もいくつか挙がった。そのうちの注目すべきはカンツァー（Kanzer, 1975），ブレナー（Brenner, 1979），カーティス（Curtis, 1979），そしてスタイン（Stein, 1981）である。彼らは，少なくともグリーンソンとゼッツェルによって概念化されたような同盟は，安心感を与える工夫として用いられているように思えるという点で精神療法への危険な方向転換であって，分析から離れるものだとみなしていた。彼らは，安心感を与え支えることが分析過程で重要な役割を果たすことは否定しなかったが，これらの姿勢は分析過程に本来そなわっている要素であって，そのような要素を**育成すべきもの**として分離しようとする努力は，その姿勢が転移にも逆転移にもからみ合ってくるのを分析しないままで操作する危険を生じると主張し

た。

　これらの異論ももっともだという考えがゼッツェル（Zetzel, 1970）の研究に見られる。ゼッツェルは，そのような同盟が活発に発展する状態を正統な分析作業の準備段階とみなした。そのうえ彼女は，それを**準備段階**としたけれども，支持と安心感を与えるためのそういった段階をのちに分析する必要性は明確にしなかった。

　ブレナー（Brenner, 1979）は，特にグリーンソンとゼッツェルの挙げた臨床例を検討し，彼の意見ではそういう非分析的な営みは不必要であるばかりか有害になりうることを示した。たとえばブレナーは，もし分析家が患者が近親者の死を告げるのを聞いてお悔やみを述べるならば，それによって分析家は患者にその近親者への陰性感情，おそらく死に対してほっとしたり喜んだりすることさえありうるのに，その表現を禁じることになりかねないと示唆した。ブレナーは明らかに，適切な姿勢は沈黙，すなわち患者の連想に耳を傾けようと待つことであると言っているのである。

## 相互作用としての沈黙

　ブレナーの説明には，沈黙していることの示しうる意味が抜け落ちているように私には思える。患者が沈黙を共感のゆゆしき欠如とみなすこともありうる。ブレナーは，そういう場合はそのような反応が分析の材料になるだろうと反論するかもしれない。しかしそうだとすれば，そのような反応は不合理な転移だと暗に言っていることにもなる。ひょっとするともっと重要なのは，分析家が何も言わないならば何もしていないことになると彼が言っているということである。

　私が主張したいのは，分析家はたとえ**何も言わなくても何か**をしている，すなわち患者の人生の重大な出来事と言っていいことに直面しながら分析家は沈黙し続けているということである。またもやブレナーなら，分析の目的は同情を提供することではなく患者の反応を分析することだと患者もおそらく承知している，と反論するかもしれない。ここでも私は不賛成というわけではない。しかし私は，患者の反応は連想の中に隠れているかもしれないと

言いたい。たとえば，分析家が被分析者にその死に対して持った陰性感情を表現することを禁じなかったと喜んでいる反応が暗に示されることもあり，あるいは，重大な出来事に直面して分析家が沈黙していることへの怒りが暗に示されることもある。ブレナーならまたもや，患者の連想におけるそのような言外の意味にはすぐに気づくし必要な解釈は行う，と反論するかもしれない。彼はたいていそうしているのだろうと私は思う。しかし私の意見としては，分析家が分析状況の対人的な性質を十分に確信していない限り，患者の側の（同様に分析家の側の）**何らかの**個人的な反応が必ずあるということに気づかないことがありうる。患者のこういう反応は隠されているかもしれない。なぜならおそらく患者は，分析家の沈黙をしかるべきやり方として受け入れるように躾けられており，分析家が共感を示してくれないと不平を言おうものなら，分析のルールに違反した聞き分けのないことを言っていることになってしまうと考えることに馴らされているからである。

　それでは私ならどのようにこの状況を扱えばよいと勧めるか？　私は，同情を表現するべきかどうか，さらに言えば，何かを言うべきかどうかに関してルールは一切もうけない。私が強調するのは，分析家が**何か**をしようとしまいと分析家と被分析者の両方にとって対人的な意味が生じるのだということ，そしてそれらの対人的な意味に分析家が気づいていなければいけないということである。それらは分析家の介入や患者の連想に，しばしば間接的にしかあらわれない。

　治療者が「それについてあなたはどう感じますか？」という応答を示すこともありうる。これは，死に対して何か特定のやり方で反応する必要はないと患者に伝えているように感じられるだろう。患者は月並みに嘆く必要もなければ，喜びの表現を妨げられることもない。もちろん「それについてあなたはどう感じますか？」という質問は，治療者自身が対人的な反応に対して，たとえば冷淡で無感情と思われることに対して，防衛しているということでもあるかもしれない。この質問はまた往々にしてある種の反応を，ここでもあからさまというより多分に言外の反応を誘発する。たとえば患者は，意識する余裕があるとすればこう感じるかもしれない，「またあのいまいましい空白（ブランク）の問いかけだ，まるで分析家がそのことに何の感情も持っていないかの

ような」と。ここに私の主眼点がある。沈黙を含め，介入のあるところには必ず同時に対人的な反応から起こる活動があり，それに応答する対人的な反応が生じるのである（Gill, Oremlandにて, 1991）。

　この状況に対してブレナーは，患者は分析家の姿勢に満足または不満のいずれかで応じるものだという欲求充足－欲求不満の指標を概念化している。ブレナーの立場は，欲求不満を起こさせてもかまわないと示唆している。もし彼が本当にそのような立場を取るならば，その結果彼は，転移を操作すべからずという精神分析の中心的教義を侵犯していることになると私は論じるであろう。しかしもし私が沈黙を含むすべての介入は活動であると主張するとすれば，転移は操作されるべきでないとどうして私に言えようか？　答えは次のとおりである。私は，操作とは分析家が分析するつもりで行ったのではないような**意図的**な介入だけであると理解している。**無自覚**に言ったことも分析しようとして言ったことも「操作」ということにはなり得ない。だが私は，分析家には沈黙は意識的な介入だと考えてほしい。

　分析しようという意図の伴わない，故意に誘発された欲求不満は操作である。そして，対人的な操作の結果がどうなるか，どうして確信を持ってわかるというのだろう？　患者が何を不満あるいは満足と体験するかを前もって言いあてることはできない。このことに対してよく使われる例だが，おそらくわれわれの大多数が，ある男が妻をぶたなくなれば妻はほっとするであろうと感じるだろうが，その妻の環境あるいは性格によっては，夫が彼女をぶたなくなったことは彼女をもう愛していないか，いずれにせよ彼女に関心を失ったことを示すと考えて，おそろしく動揺することだってありうるのだ。

　ブレナーの提示した臨床例に含まれる逆転移の問題もまた考える必要がある。死が伝えられたことに対して反応しないことは，加虐的な動機を合理化したものであるかもしれない。分析家の側に生じた共感を表現した結果，特定の患者には，同情を表現すると実際には喜びの表現を禁じていることになると分析家が実感することもありうる。しかし分析家は，死が伝えられるのに直面して同情的な言葉をかけるのを差し控えるのは難しい，と思うかもしれない。分析家は定められた分析技法に従って沈黙したままでいるべきだとすると，患者が沈黙に対する不満を持った場合にその不満を扱う上で支障が

生じるので，分析家は沈黙していること自体のせいで不愉快にもなろう。そうなれば分析家が不満を不合理な転移とみなす傾向も大きくなるだろう。すると今度は，患者の反応への分析家の寄与，すなわち沈黙による寄与を見逃すことになる。沈黙に対する患者の対人的な反応が，連想の中で暗示されているだけの場合には特にそうなる。

　私が言いたいのは，分析家が行なったことも行わなかったこともすべて対人的な意味をもつ活動であり，分析家には，その意味を探しだし，その意味を解釈する中で分析家の反応（ここでは沈黙も反応である）が被分析者の側の反応を引き起こす刺激となることを認識するという大きな責任があるということ，そしてこの原則を治療者たる者は知っているべきだということである。そして被分析者の反応は，現在起こっている相互作用にまったくもとづかないような不合理な反応などではないということである。

　むろん，治療者の沈黙が加虐的な動機を合理化しているのかどうか，あるいは治療者による同情の表現が「母親的な」思いやりなり何なりを何としても示したい気持ちからなのかどうかはわからない。ここでも，精神内界でどのように体験されるかを知らずして，あるふるまいを評価することはできない。また，分析を受けているのは患者であって治療者ではない。治療者が個人分析によって自身を知り，そして分析における治療者自身のふるまいを営々と続く自己分析によって追求することを期待するばかりである。分析家が正しい技法にそのまま従っているのだからと主観的には沈黙を心地良く感じている場合でさえ，分析家の沈黙は前意識的にあるいは無意識的にかもしれないが，やはり分析家自身にとって対人的な意味があると私は思っている。

　関与しない治療者という理想は「中立性」として記述されることがある。次章で私はこの概念に関して振り返り，分析的な相互作用と，それと解釈との関係について，より一般的な考察を行おう。

# 第4章

# 中 立 性

　中立性はこれまで精神分析の文献の中で大いに論じられてきた。すでに述べたように，極端な場合は，分析家は患者に由来するものだけを映し出すスクリーンか鏡のようなものと考えられてきた。この中立性の戒めを臨床に導入しようと試みた非分析的な治療の一つが非指示的もしくはクライエント中心と呼ばれた精神療法（Rogers, 1951）で，ひところ心理学者の間に大流行した。おそらく法的な理由で，クライエント中心療法の治療者は通常患者と呼ばれる人たちをクライエントと呼んだ。クライエント中心療法の治療者は，分析家自身の考えや価値のむやみな押しつけが患者を犠牲にしていると考えてよく批判を口にしていた。一方精神分析の方はクライエント中心療法の治療者たちが受身性と考えているものを嘲笑っている。一つの風刺漫画をおぼえている。自殺したがっている患者が，治療者のオフィスの窓から遂に飛び降りてしまった。治療者はこう言っていた，「あなたは死にたいのですね。いまあなたは窓まで歩いていきたい気持ちなのですね。いまあなたは窓から飛び降りたい気持ちなのですね。ほら飛び降りた！」。

　非指示的療法には患者の心的現実を本当に理解しようとする長所があった（Schwaber, 1992）が，治療者は患者にけっして自分を押しつけてはならないという主張は，治療状況は二者の対話であってそのような押しつけが皆無というのは不可能であることの否認であった。患者が伝えてくることのすべてのうち何に対して返答するかを治療者が選択することは，すでに関係への重要な寄与である。非指示的療法のやり方を検討すると，暗黙のあるいはあからさまな転移への言及を治療者がとりあげ損なうという，致命的欠陥が露呈する。

　中立性についての現代の定義のほとんどは，穏健派の批判により修正され

たものではあるが、例のブランク・スクリーンモデルにもとづいている。最もよく引用される定義は、アンナ・フロイト（Anna Freud, 1956）のものである。彼女が言うには、分析家はイド、自我、超自我から等距離を保つ、すなわち人格の三分割のうちどれにも与しない。これの意味するのは、要するに、分析家は患者に由来するものだけを映し返すということである。フェニヘル（Fenichel, 1941, p.70）はこの定式化に異議を唱え、分析家は常に自我を用いて仕事をするし自我を経由してイドや超自我に到達すると述べた。ということは、フェニヘルは自分はイドや超自我よりも自我に近いと言っているのである。近来レヴィとインダービッツィン（Levy and Inderbitzin, 1992）は、中立性はイド、自我、超自我に対してだけでなく、外的現実に対しても同様に保たれなければならないと提唱した。しかし本質的には彼らはブランク・スクリーンという見方を支持している（Gill, 1994c）。必ずしもそう認識されてはいないけれども、中立性の諷刺（カリカチュア）となっているのは、ふるまいの中立性と呼ばれてきたものである（Lipton, 1977; Apfelbaum and Gill, 1989）。実際それは、一般雑誌の漫画で最もよく諷刺される、分析のあの特徴である。分析家は沈黙している。その沈黙の理由は「第二原則」と称されてきた、**「分析的治療は可能な限り剥奪のもとに――禁欲状態で――行われるべきである……患者が渇望ししつこくせがんでくる満足を与えないことが得策なのである」**（Freud, 1919, pp.162, 164）。

多くの分析家は沈黙について、何もしないことで中立性を保つこととみなしている。分析家は巻き込まれてはいけないという概念にとらわれると、誰もがこんなふうに判断力を失うことになる。メニンガー（Menninger, 1958）の教科書では、沈黙は患者に欲求不満を起こさせるように意図された行為であることを明確にしている。

## 沈黙はけっして中立的（ニュートラル）ではない。

アペルバウムと私（1989）は「解釈の中立性」という概念を提唱した。これは、構造論から導かれたある重要な技法上の結論に関するわれわれの提言から生じたものである。その結論とは、ある特定の心的内容は自我に同調し

ているものに近い内容へと向かう衝動であり，また自我に同調しているものから遠い内容に対する防衛である場合があること，そして分析家は自我に最も近いものを解釈するべきだということである。しかしこの定式化は，常に自我の側に立ってすすめるというフェニヘルの概念とまったく同じである。

　それでは，どのように中立性を定義すればよいだろうか？　私は，治療状況が二者によって構成されているという性質を真剣に検討すれば自然と答えは出てくると思う。分析家は**常**に患者に影響を与えており，患者は**常**に分析家に影響を与えている。この相互の影響は不可避であって，ただ解釈することができるだけである。患者と分析家の互いの絶えざる影響を認識していること，そしてその影響を可能な限り明確にしようと試みることこそが，分析家の「中立性」を構成するのである。

　ハインリッヒ・ラッカー（Heinrich Racker, 1968）は同じ考えを示し，分析状況において分析家は常に逆転移神経症を起こしていると論じた。その性質は，分析家と特定の被分析者との相互作用しだいでさまざまである。中立的な分析家とは，患者の転移の分析と並行して絶えず自身の逆転移神経症を（患者の連想に助けられて）自己分析し，患者の転移（および分析家の逆転移！）が面接に参加している二者双方による影響を受けていることをいま一度理解し，分析状況に及ぼしている自身の逆転移の影響をできるだけ徹底的に扱おうと試みる分析家であると私は思う。こう言ったからといって，私は必ずしも分析家に逆転移をあからさまに開示せよと言っているわけではない。この主題には後にまた戻ろうと思う。

　対人的な観点からの中立性の興味深い定義が，グリーンバーグ（Greenberg, 1986）やアーロン（Aron, 1991）によって提供されている。分析家は，患者が「古い」対象としても「新しい」対象としても利用できるようなバランスを維持する（Hoffman, 1991）。アーロンの言葉だと，「ピアジェ派の用語では，分析家の中立性は，最適の成長と適応を可能にするような同化と順応の間の均衡を促進する」（p.105）。もちろん，分析家の「応答性」について述べることが，分析されない意識的操作を意味する場合がある。

　私は，米国精神分析学会雑誌への手紙で，レヴィとインダービッツィン（Levy and Inderbitzin, 1992）による中立性の議論に反対意見を表明したこ

とがある（Gill, 1994c）。

　私は後に，分析家の側の自発性を論ずる中で，もしも分析家が常に分析状況に情緒的に巻き込まれるのは当然だと想定した場合，分析家の役割は通常の社会的役割からどのように区別されるべきか，という問いを提起するつもりだ。中立的な分析家という概念が入り込む余地はないのだろうか？　答えは，最初は正反対に見えるものが弁証法的に織り込まれるという普遍的な考え（Hoffman, 1991, 1994）を応用することによって見つけることができる。分析状況においては，いかなる相互作用もやがては吟味すなわち分析される主題となるという事情が常にある。そういうわけで，分析家が巻き込まれないということは，いかなる相互作用も分析される可能性があるということである。ある時点ではこの可能性が背景に退いているとしてもである。

## 相互作用と解釈

　解釈は，その相互作用的な性質が見逃されてしまうことのある介入の主要な例の一つである。解釈を行う時の分析家は，意識的には単に何かを指摘しているだけで，患者に暗示を与えるつもりはない。しかし振り返って考えてみれば，同時に暗示とならないような，そうでないとしても何ら影響をもたらさないような解釈をすることが不可能なことは明らかである。同じことが被分析者が分析家に及ぼす影響にもあてはまるため，分析状況は相互作用と言われたり，あるいはストロロウ（Stolorow et al, 1987）が構成主義に照らして表現しているように，間主観的相互作用と言われることがある。

　患者は意識的にせよそうでないにせよ，解釈を洞察の授与として，また一つの働きかけ（アクション）として体験する。おそらく数多くの解釈が持つ一番はっきりした意味は，それがある特定のふるまいや感情を変えようとする暗示だということである。「あなたは怒りを表現することを恐れているのですね」という言葉は，「そんなに恐がるのはやめて怒りを表現しなさい」と体験されそうである。「あなたは私の沈黙を，お父さんがよそよそしく近寄りがたかったと体験したのと同じように苦痛なものと感じているのですね」は，「私の沈黙は分析的な方法の一部に過ぎません。もしあなたがこの沈黙を苦痛なもの

と体験しているとすれば，それはあなたがこの沈黙を，お父さんがよそよそしく近寄りがたかったことと不合理にも同じものとみなしているからです。私のふるまいを間違って解釈するのはおやめなさい」という意味に体験されそうである。私は，解釈が対人的にどう体験されるかに関する研究プログラムを作ったことがある。

　解釈のみならず，分析家のあらゆる言語的および非言語的なふるまいは，患者には働きかけと体験される（Naumnum, 1976)。「ふむふむ」という頷きは，強力な安心感をもたらしうる。分析家がふるまいによる働きかけをできるだけ少なくしようとする結果，分析家の表立った所作が治療状況に及ぼす影響はさらにいっそう大きな意味を持つようになる。分析家は患者が部屋を出る前にカウチの枕カバーをはぎとったか？　挨拶する時に分析家は微笑んだか？　そもそも分析家は挨拶したか？　分析家は患者にみずから請求書を手渡したかそれとも郵送したか？　分析家は即座に請求をしたか？　そして他の無数のふるまいの断片のどのひとつも，患者の体験において大きな意味を持つことがある。もちろん分析家は，患者の予約を忘れたとか数分間遅刻したというような分析家の側の過失が患者にとって大きな意味を持ちうることは認識しているが，そういうひどい場合だけでなく，同じ原則が分析家のあらゆるふるまいにあてはまるのである。

　むろん，分析家の分析状況への寄与の最も重要な源は，分析家の人柄とオフィスにある。シカゴではWASP（訳者注：白人，アングロサクソン，ピューリタン，エリートを意味する）の銀行家の話というのがある。分析家が初めてドアを開けた時，WASPの銀行家なる人物はびくっとした。分析家が小柄であまり身なりも良くなく，見るからにユダヤ人の小男だとわかったからである。「とにかくどうぞお入り下さい」と分析家は言った。

　フィリス・グリーネーカー（Phyllis Greenacre, 1954）は十数年前，分析家のオフィスは簡素でがらんとしているのがよいと助言した。彼女はまた，分析家は，一般に公表されるような委員になるといったような，いかなる公的な活動にも参加しないほうが良いと信じていた。私がレジデントであった頃，スタッフメンバーやレジデントやあるいはその妻が地方のアマチュア劇場で役者をしていいものかどうかについて，スタッフ間で白熱した議論がく

りひろげられた。ある分析機関では，その夫が分析した人物が教えているという理由で，ある女性の公開講座の受講許可を却下した。私が受けた分析技法の最初の講義で，その講師は——可哀相だから名前は挙げないでおくが——こう言った。理想的な分析状況では，分析家はついたての背後にいて，患者に分析家の性別がわからないように声も偽装されているのがよいと。さらに，すぐに明らかになることとして，最初の数百時間は，分析家はその間ともかく何も言わないのが望ましいのだから偽装もほとんど必要ないであろうというのである。読者はこれをすべて私の作り話と思うだろうが，そうではない。私が真実を少し変えたのは，講師が最初の数百時間は**ほとんど**何も言わないでいるべきだと言った箇所だけである。また，講師は理想的な分析状況では実際についたてを使うと述べたが，われわれについたてを使うようにとは言わなかった。公正を期すならば，講師はそれらの制約を，中立性を実現するものではなく，必要な分析材料があらわれるように患者を退行させるべく意図された方策として提示したことを言っておかねばならない。実際，その講師の仕事ぶりというと，分析セッション中によくメールを読んだりメールでチェスをしたりしていた！

　分析家の沈黙についてもう一つ言っておきたい。私はすでに，沈黙している分析家は何もしていないと考えているらしい分析家が多数いることが，いかに尋常でないかについて何度も触れてきた。もちろん沈黙は患者によって多様に解釈される。かたくなに引き下がっている，思慮深く集中している，不作法な侵入を共感的に控えている，などと。

　もしすべての介入が相互作用でもあるとすれば，分析状況は限りない退行となってしまうと示唆されることがある。私が言いたいのは，もし相互作用の意味が解釈されるならば，その解釈もまた相互作用的な意味を持つということである。人は相互作用から決して逃れられないのか？　そのとおりである，しかし相互作用の意味は変化しうる。たとえば，同性愛を解釈すると，患者には同性愛的な攻撃と体験される。ここで，この解釈が同性愛的な攻撃と体験されていたのですねという解釈をすると，これまた同性愛的な攻撃と体験されるかもしれない。さてどうするか？

　私は，その２回目の解釈は，最初のものとはまた別の相互作用的な意味を

持っているようだと言っておく。2回目の解釈は，どんなふうに最初の解釈が攻撃と体験されたかを検討するというよりむしろ，最初の解釈の無神経な繰り返しである。おそらくいつかは，同性愛を解釈することが同性愛的な攻撃としてではなく，患者の洞察を助けようとする試みとして体験されるような時がくるかもしれない。

　相互作用は決して終わることがないが，その解釈は次に述べる臨床的な意味において収穫逓減点に達する。すなわち患者の精神病理と関連する主要な相互作用的なテーマとパターンが，ひとたび十分分析されワークスルーされたならば，患者は分析から得て人生の拠り所としたいと正当に期待していた限りのものをもう得たことになる。分析治療の目標の一つは，対人関係においてわれわれが言うこと，言わないこと，すること，しないことのすべてに相互作用的な含意があると理解することである。このような理解は，ある特定の相互作用の理解と対比して分析過程そのものの目標と言ってよい。

　相互作用を解釈せよという要請について，いくつかの点をつけ加えておく。この要請はそれ自体が分析過程の倒錯につながる可能性を持っている。つまり相互作用のあらゆる細目を解釈せよと主張すること自体が，分析への望ましくない影響を伴う大きな相互作用になってしまうからである。相互作用の多くはただ一過性のものと考えられているにちがいないが，しかし相互作用の主要なテーマはしばしば繰り返されるもので，もしその分析家が私の信奉する原則を納得しているならば分析作業の焦点となってくるだろうと私は信じている。このことは特に，通常，ことによると常に，主要だがたいてい認識されていない相互作用，すなわち，分析家と被分析者が分析過程の性質をどのように理解しているかということに対してあてはまる。この相互作用および，すべてではなくともおそらくたいていの相互作用は，しばらくの間相互作用の中に埋没していた分析家が振り返ったときにはじめて実感され解釈されるのが普通である（Renik, 1993）。

　私は「いま－ここ」における相互作用の分析を強調してきたので，過去の再構成に何ら価値を見出していないとよく誤解される。過去の再構成には価値のあることが多いと私は信じているが，しかし，もちろんそのような再構成はまた，先に私が述べた構成主義という意味での構成でもあると考えてい

る。再構成は時に「いま－ここ」を明らかにする方法となることがあるが，一方「いま－ここ」はたいてい過去へ通じる道であると私は考えている。もちろん，「いま－ここ」と過去を結びつける再構成が，あらゆる解釈の中で最も効果的であろう。

　ロナルド・ガネリン（Ronald Ganellen, 私信）は，患者の発達史の情報は，「いま－ここ」のさまざまなテーマのうち追求するのに最もふさわしいものを決定するために有用であると主張している。転移外解釈の役割を考える際に，それが現在起こっている転移外のものか，発生的な転移外のものかを区別することが重要である。前者は患者と治療者の間の「いま－ここ」における転移の問題を隠してしまいかねない。もちろん，転移を強調しすぎるあまり患者の転移外の素材への抵抗に共謀してしまうこともありうるが，転移そのものへの抵抗のほうがはるかに多く生じるようである。患者は，分析外でいま起こっている問題を把握することに満足してしまって，差し迫った情緒的に負荷のかかる転移の問題を回避することがよくある。外的な出来事の転移性の意味を探究する際には，その出来事が患者の連想にあらわれた転移と関連する可能性を解釈するにあたって，その出来事自体の重要性を過小評価しないことが肝要である。

## 分析家の慎みは必要か？

　正統精神分析，私が精神分析的治療と呼んでいるもの，および精神分析的精神療法において，外的な出来事がかかわってくるのは避けられないと認識されるようになったが，それにともなってある危険が生じてきた。相互作用が避けられないのなら，相互作用が生じてもさほど懸念する必要はないと結論づける人々がいる。それは結局分析されるのだからというのである。すでにふれたように，レヴィとインダービッツィン（Levy and Inderbitzin, 1992）は，「すべては粉挽きにかける穀物である」という警句を検証している。すなわち，相互作用はさらに分析をすすめる機会を提供しているにすぎないというのである。しかしこの警句は，偶然の相互作用について，たとえばエレベーターや配偶者同席のコンサートや子ども連れのスーパーマーケットなど

の分析状況外で患者と分析家がばったり会ってしまうといったこと，あるいは分析家の病気，あるいは分析家の転勤のせいで終結を強いられることなどについて述べる中で生まれたものである。他の例としては，予約を取り消したり忘れたりとか，もっと悩ましい状況として分析家が休暇をとるときは患者も休暇をとらなければならないのかとかの，ありふれた「枠」の変更がある。

　この種の問題の議論は文献にありふれて見られるが，それらの論文ではほとんど常に**偶然**の相互作用が扱われている。レヴィとインダービッツィンは，分析家の側に，被分析者と自由につきあえるようにわざと同じ社会的催しに出席するというような，偶然の相互作用にすすんでかかわろうとする傾向が大きくなっていると警告している。分析状況の二者関係的な性質がますます受け入れられるにつれ，かなり親密な相互作用までそれと承知しつつ持つということが軽率にもなされてしまうかもしれない。

　偶然と偶然でないものがあまり明確に線引きされていない分析志願者の訓練分析では，相互作用は特別な役割を果たす。志願者は自分の分析家が講義をしている科目を受講するべきか，自分の分析家が出席していそうな講義に出席するべきか。考えだせばもちろんきりがない。私はすでに，数年前に実際に起こった，現実的な結果を生じたある出来事について述べた。ある教育分析家の妻は，夫が分析している分析家志願者が教えているという理由で，教育過程を完了するのに必要な公開講座の受講許可を却下されたのだ。

　レヴィとインダービッツィンは，外的な出来事に注意を向けることは精神内界の問題に対する防衛となりうると力説している。これは疑いもなく真実であるが，精神内界にばかり心を向けることは，重要な外的相互作用に対する防衛となりうることも同等に真実である。レヴィとインダービッツィンは，分析状況外の分析家と被分析者の相互作用に第一の関心を向けている。分析状況外における，分析家としての自制に対するそのような著しい故意の違反が，精神内界の問題の分析をより困難にするということに私は同意見である。しかし私が思い描いている類の相互作用は，往々にして見逃されるような，分析状況内におけるしばしば微妙で慢性的な相互作用である。たとえば，私が言いたいのは，本人は沈黙していると思っているがしょっちゅう「ふむふ

む」と言い，何であれ思い浮かんだことを述べることが期待されていると十分承知している被分析者に対してさえ，きまって何を考えているかを尋ねて沈黙を扱う分析家のことである。分析家と被分析者の関係のそのときの大きな意味が，そういった相互作用の影に隠れてしまいかねない。いま一度私は読者に次のことを断っておく。私が心に描いているのは，それらの相互作用が持つ主観的な内的意味であり，それは分析家の意識的な意図がいかなるものであれ，探索によってはじめて明らかになるのである。分析家は相互作用に自分が巻き込まれていることに気づかぬままでいることさえある。言語的なものであれそうでないものであれ，分析家と被分析者の間に生じるすべてに気づいておこうとするのは分析家の責務である。

患者と治療者の間の，不可避なかつ絶え間ない相互作用が認識されるにつれ，より効果的な治療のためにいかにして行為と解釈を組み合わせて用いるかについての提案が出現している。ポール・ワクテル（Paul Wachtel, 1977）はそのような実験を最初に提唱した一人であった。より最近ではケネス・フランク（Kenneth Frank, 1993）もまたそのようなアプローチを提唱してきた。難しい状況でどのようにふるまえばよいかについての時に指示的でアドバイスを含んだ提案は，袋小路すなわち強迫的な悪循環を打ち破るのに望ましいものかもしれない。分析家のそのような行為は，相互作用はとにかく常にあると認識して，そのような相互作用の分析に注意を向けることによって，はるかに有益なものとなりうるようである。治療が精神分析的治療にとどまるかどうかは，その意図的な相互作用の性質と，転移におけるその意味が分析されるかどうかにかかるであろう。いったん分析状況が確立されて分析家－被分析者の両者が相互作用の分析を中心に据えると決めると，相互作用に対する制限を緩和することが効果的な治療のために役立つかもしれない。

意図的なはたらきかけについての考え方がこのように変化するにつれ，心理的治療と組み合わせて薬物療法を用いることを再評価する必要が出てきた。従来の学問的知識としては，真の精神分析と薬物療法は原則的に両立しない。しかし，もし薬物を処方することの持つ意味が相互作用の中で検討されるならば，必ずしもそうではないと言える。治療者に処方をする資格があるというのに処方医を別にもうける便宜をはかるのは，私には，その治療者

が巻き込まれていないように見せかけるための空疎なことに思える。意図的な相互作用よりもはるかに有害なのは，そのような相互作用が起こっていることを否認することである。

## 暗　示

　精神分析の中の精神療法的な「混入物」はしばしば暗示と呼ばれる。狭義には，暗示という用語は意識的に行う直接的な暗示をかつては指していた。だが私はフロイト（Freud, 1921）がしたように，暗示という用語を，意識的に行ったものと意識しないで行ったもの，すなわち直接的な暗示と間接的な暗示の両方の意味でより一般的に使っている。フロイトは暗示という問題を扱うに際して，相互作用の遍在性を認識していなかったように見えるかもしれない。フロイトは明らかに暗示を，催眠状態で用いられるか，より一般的対人的な影響を意味するものと認識していた。フロイトは暗示を「……知覚や推理にもとづいてではなく，性愛的な結びつきにもとづいて信服させること」（p.128）と定義した。するとフロイトが分析状況に不可欠な一部分であるとなんとなく感じていた暗示とは，抵抗とならない性愛性転移，すなわちフロイトの定義での（好ましくない性愛性転移と対比しての）抵抗とならない陽性転移ということになる。私はフロイト派の用法に従って，抵抗とならない陽性転移を好ましくない性愛性転移の派生物と呼ぶことにしている。なぜならフロイトにとって，あらゆる対人的な陽性感情は精神・性的要素（サイコセクシュアリティ）の派生物であるからだ。フロイトはまた暗示という用語を，歪曲という意味ではなく転移神経症群にみられる影響を受ける能力という意味で，転移と等価のものとして用いた。

　フロイト（Freud, 1916-1917）は明らかに，おおいに暗示に関心を持っていた。精神分析の発見であると主張されているすべてのものは暗示か転移にもとづいており，それゆえそれらは分析家の心の産物であって患者の心の産物ではないと言いうるとフロイトは理解していた。フロイトは，暗示は患者が分析家を信頼するように（抵抗とならない陽性転移を生じるように）導く役割を果たし，それにより分析作業を可能にするが，一方その暗示の影響は

転移分析によって解消されるとして、この問題は解決できたと考えていた。フロイトがすべての転移を分析すべきであると推奨しているのではなく、好ましくない陽性すなわち性愛性転移および陰性すなわち敵意に満ちた転移のみを分析すべきだと推奨していることは、あっさり見逃されている。上述したように、フロイトは抵抗とならない陽性転移を真の転移とみなしていたが、またそれを現実的で合理的なものと考えていた。その意味で、それは歪曲を意味する転移という用語の使用とは異なる。

　抵抗とならない陽性転移も分析によって解消されるべきだろうか？　その考えは非論理的であるし、仮に可能であっても望ましくないと私は指摘してきた。それでは分析の後には、被分析者は分析家に対して何の感情も残すべきでないと言うに等しい。そのような理想は、人間存在の基本的な相互作用性を冒涜するものである。すべての人間関係には、根絶することのできない感情の基底が含まれている。実際、フロイトは抵抗とならない陽性転移を抵抗に打ち克つために必須な同盟と感じていた。抵抗とならない陽性転移に見えるものが実際には大きな抵抗を隠しており、決してあたりさわりないものではないこともありうると私はすでに指摘している。しかしもし転移を、私が定義するように、かかわっている両者の寄与からなるものと定義するならば、抵抗とならない陽性転移は、過去にその患者を親切に扱った人々のみならず、分析家の親切な行為にももとづいているということになる。

　グリュンバウム（Grünbaum, 1984）は、分析状況に暗示が満ち満ちているということはその状況から得られるどのような結論をも疑わしいものにするという考え方について大いに論じ、したがって精神分析の実証的研究は分析状況の外からのみ可能であると主張した。私はこれにはおおいに不賛成である。何よりもまず、現代の分析家は相互作用、すなわち暗示の遍在性を認識しているので、フロイトが行ったよりもはるかに系統的かつ包括的に暗示を分析できる。第二に、分析的な資料は分析を行っているまさにその分析家以外の分析家によって研究が可能なもので、またそうされるべきである。当事者以外の分析家なら、暗示の遍在性を認識しつつ、また分析を行っている当事者よりもはるかに大きな客観性を持ちうるので、その分析における暗示の役割を評価することにおいて、完全に申し分ないとは言えないにせよ、よ

い仕事ができる。

　暗示ということは，何が分析に変化をもたらすかという論点において極めて重要である。「転移性治癒」は分析家たちが互いに投げつけ合う悪口である。これは，患者の葛藤の分析とその解決にもとづくと主張されている治癒が，実は，赦しや元気づけや償いなど何であれ，何らかの分析されていない分析家との重要な相互作用の結果であるということを意味する。

　私はネラ・グィディ（Nella Guidi, 1993）の最近の論文についてふれたが，そこでは抵抗とならない陽性転移と並行する抵抗とならない**陰性**転移という概念が提出されている。それはすぐに納得のいくものである。被分析者が，分析家側の好ましくないふるまいに対して反感を持つのは理にかなった，望ましくさえあることである。もちろん何が「好ましくない」ふるまいを構成するかということは，別の問題である！

　何が治癒的（おそらく完全な「治癒」は不可能な理想であるという認識があって，多くの場合，変容的すなわち変化を引き起こすものと呼ばれる）であるかという一般的な議論にうつる前に，私は分析状況自体についてより詳しく述べるつもりだが，まずは，精神分析と精神療法の関係というよく論じられる問題について論じよう。

# 第 5 章

# 精神分析と精神療法

　私の執筆した批判が一章として収録されている，ジェローム・オレムランド（Jerome Oremland, 1991）の近年のモノグラフには，解釈を含めて分析状況がいかに相互作用的なものであるかが詳述されている。この洞察には，狭い意味での精神分析と精神療法との区別に対する重要な示唆が含まれている。つまり広い意味からすれば精神分析は精神療法の一形態なのである。この主題については序文ですでにある程度論じたが，ここで詳しく述べよう。

　精神分析の古典的な文献において，精神分析と精神療法を分ける主要な点は，前者は一者状況と一者心理学を保持しているのに対し，後者はそうではないということである。この分け方はもちろん理想的な分析状況というものを想定したものだが，それは擁護しがたいものだと私は述べてきた。

　もう一度言うが，体験の生々しさは見過ごすことができない。いまや多くの古典的分析家が，その理想には可能性としてはともかく現実には到達できないことを認めている。たとえば，規則的で頻回のセッションがもたれ，分析家が細心の注意を払っているといった分析状況では，多くの患者が強力な支持が提供されていると体験するに違いないということが知られている。ウィニコット（Winnicott, 1971）やモデル（Modell, 1990）が強調している支持としての「抱え」という考えは，あたかも通常の分析状況は大きな支持的な意味を持つことは少ないかのように議論されることが多い。もちろん，分析状況は違う意味を持つ場合もある。多くの患者は面接の規則性と頻度と細心の注意を支持的なものと体験するであろうが，一方，まったく同じ特徴を，裸になることを強要されるような恐ろしいものと体験する患者もいるかもしれない。

　いずれにせよ，その理想は達成不可能であり，相互作用的な要素が程度の

差こそあれ，**いかなる分析にも入り込んでくる**ということは，かなり広く認められているようである。この見解を大きく後押ししたのが，ワラーシュタイン（Wallerstein, 1986）をリーダーとする多年にわたる重要な研究である。彼とそのチームは，理想を維持するのは不可能だということを悟ったが，しかし不幸なことに，だからと言って原則としては理想を放棄しなかった。ただ実際は到達不能であると結論したのだった。彼らはさらに，理想を満たそうとする試みは多くの事例で破壊的となりうるし，治療的な目標に到達するためには分析状況へ相互作用的な**混入物**を持ち込むことが必須であるとまで論じた。「混入物」というのは私の言葉であって彼らの言葉ではない。とはいえ，この言葉はまったく同じ文脈で，米国精神分析学会のパネルの表題（分析資料の源泉と混入物，1990年12月）に使われている。

　私の立場はワラーシュタインとは違う。私は，精神療法的な状況のあらゆる面における相互作用を，混入物ではなく，精神療法の手順に本来そなわっているものとみなしている。私はその理想を，単に実際に到達不能であるだけではなく，原則上虚偽であるとみなしている。そしてこの違いは，精神分析と精神療法を区別する原則についての違いということになってくる。

　ワラーシュタイン（Wallerstein, 1989）は，かつて私は精神分析と精神療法の区別を主張していたのに，考えが変わってその区別を曖昧にし，精神分析と精神療法には実は明確な区別はないというフランツ・アレキサンダー（Franz Alexander, 1956）の立場を焼き直している，とほのめかした。ワラーシュタインの主張に対抗して私は往復書簡で彼と論争し（**International Journal of Psychoanalysis**, 1991），区別を曖昧にしているのは彼の方であり，実際には私は以前よりさらに区別を鮮明にしているくらいだという立場を貫いた。私の主張は二つの根拠に基づいている。一つは，私が，相互作用は精神分析と精神療法の両方の過程に本来そなわっているとする見方と，相互作用は精神分析において精神分析状況への混入物であるとする見方とを区別しているということ。二つめは，私が転移を不断に分析されるべきものと見ていることである。最初の点は，別の言い方をすると，ワラーシュタインが精神分析を一者状況と見ているのに対し，私は二者状況でもあると見ているということである。第二の点は私が次のように主張していることである。精神

分析の**決定的**な基準，外的な特徴ではなく内的な基準は，転移——患者の相互作用の体験——が可能な限り分析されるということであり，一方，精神療法では転移は多かれ少なかれ**故意**に分析されないまま残される。さらに重要なことは，私が転移を患者の人間関係の体験と明らかに等価だとしていることが，単に直接的な相互作用にもとづいてのみそう言っているのだと誤解されることがあるが，もちろん，それは誰が参与しているかに，すなわち彼らが何を相互作用に持ち込むかにももとづいているということである。ワラーシュタインは私の見解を誤って評価しているのだと思う。なぜなら私は，精神分析の技法の定義として面接の頻度やカウチといった外的な基準を採用しているわけではないからである。アレキサンダーもまた精神分析を定義するこのような外的な基準を放棄しているので，ワラーシュタインはアレキサンダーと私を混同して，私が精神療法と精神分析の区別を曖昧にしているとみなしているのだろう。もう一度言うが，精神療法と精神分析の区別を曖昧にしているのは彼の方である。なぜなら彼は，精神分析的精神療法から正統精神分析までを連続体とみなし，後者では相互作用的な要素は混入物とみなされると言うことにより，前者と区別をつけているからである。彼は，精神分析と精神療法の間には灰色の領域があり，そこではそれをどちらと呼ぼうと勝手だと信じているのだ。私はたとえ概念の上だけであっても，その区別ははっきりしていると思う。すでに述べたように，相互作用を可能な限り分析しようとする意図があれば，状況は精神分析的なものとなる。そうでないならば，精神療法的なものとなる。もちろん，いつでも簡単に意図が決められるわけではないことは認めなければならないが，この**原則**によれば二つの様式ははっきり区別される。ワラーシュタインの原則ではそうはゆかない。相互作用がいたるところにあるという認識を欠いているからである。

　もちろん，限りのない退行について以前述べたように，もしも相互作用がいたるところにあるのなら，相互作用が「解消」しうるという考えは非論理的なものとなる。相互作用の分析は，相互作用の解消とまったく同じではない。もう一度言うが，解釈もまた，特殊な種類のものではあるが，一つの相互作用なのである。

　私はここで，精神分析の内的な基準と外的な基準の両方を満たす正統精神

分析と，内的な基準は満たすが外的な基準は満たさない治療手順の区別を提唱したいと思う。こういった問題はオレムランド（Oremland, 1991）のモノグラフで論じられてきた。彼は正統精神分析の内的な基準は満たすが外的な基準は満たさない手順を「精神分析志向の精神療法」と呼ぶことを提案しているが，私（Gill, 1991）はそれには反対で，「精神分析的治療」という名をかわりに提案してきた。私にとっては，精神分析的治療も精神分析も精神分析的状況の確立を目指すものである。

　精神療法と精神分析の関係についての私の意見は，精神分析家の臨床に重要な影響をもたらすであろう。多くの理由によって，費用が高額ということも少なからずあって，古典的分析を求める患者は明らかに減少しつつある。結果として，多くの分析家，特に年若い分析家が臨床の大半を精神療法に捧げることを強いられている。このことは，精神療法と精神分析の両方の臨床に不幸な結果を招いている。彼らは正統精神分析をあまりやらず，分析を行うことについての適切な経験を得ていない。彼らは相互作用が精神療法では許されるが分析では許されないと考えているが，その考えに従えば二つの様式は互いに不幸な影響をもたらしているということになる。具体的には，そのような相互作用の解釈を追求しないまま，精神分析においてあまりに自由に相互作用的になりすぎる場合もあるし，精神療法において，やはり相互作用を解釈しないまま，引きこもりすぎてしまう場合もあろう。

　私の提唱する原則に従えば，分析家は治療の外的な次元にかかわらず，分析技法を実践することができる。もちろん，外的な次元はやはり考慮に入れねばならない。翌日会うことになっている患者には解釈をするかもしれないが，次週まで会わないことになっている患者には解釈はしないだろう。しかし患者と翌日会うことになっていても，なされない解釈もある。ホフマン（Hoffman, 私信）は，到達したと信じる洞察を常に即座に明らかにするという原則に優越する治療原則があると主張している。

　私は，精神療法を精神分析に「転換する」（Gill, 1988）という文脈で述べている問題を取り扱ってきた。私は，精神分析家は私の定義する精神分析的治療（Gill, 1984）という意味での精神分析のみを行うべきであると主張した。本書で用いている用語では次のように言ってよいだろう。ある特殊な症

例で支持的な治療をしようと熟慮の上で決意する場合を除いて，分析家は常に精神分析的治療を実践すべきであると。私は，もろもろをひっくるめて分析的技法を使うように推薦するとともに，次のことに重要な関心を抱いている。もしもその治療を比較的短いものにしなければならないことが判明したならば，より支持的な技法を用いれば用いるほど，患者にとって症状の面ではより多くのことが成し遂げられるであろうということである。

フロイトは，分析の中断は手術の中断のようなものだと言った。分析が今なおしばしば行われているような方法でなされるなら，そのとおりであろう。しかし，私が規定するような「いま－ここ」の転移により大きな注意を注ぐなら，中断はただ，治療を続ければ成し遂げられたであろうことが遮られたということを意味するだけだと私は思う。この主張を支持するためには多くの経験と研究が必要なことはわかっているが。

またホフマン（Hoffman, 1991; in press-b）が強調したように，技法には必ず危険がともなうことを心に留めておくこともまた重要である。治療者は，比較的慎重な転移解釈から始めるべきである。判断を誤り熱心さにあおられて技法を用いると，早すぎるもしくは受け入れられない解釈のせいで，患者が治療から逃避するという結果に終わりかねない。しかし，たまたま誤ることがあるとしても，成し遂げられるものの方が大きいと言いたい。多くの人にとって別の方法では不可能だったものが達成されるのである。

## 精神分析状況の外的な特徴

私（Gill, 1984）は精神療法的状況の基準を，広い意味での精神療法という用語を用いて，外的と内的とに分けた。そういう分け方を強調したのは，治療の外的な基準はその治療が精神療法か精神分析かを決定するのに重要なものではないと論じたいという私の希望からである。私は外的な条件に，頻度，寝椅子か椅子か，面接の持続時間，治療の長さ，料金，そして治療者の公的訓練をも含めている。

## 頻　度

　フロイトは最初，患者を平日毎日みていたが，これは中部欧州では週に6日を意味する。どうしてそういうことになったか。おそらく彼は，ブロイエルがアンナ・Oに少なくとも週に6回（実際にはしばしば1日に2回）会っていたことを踏襲していた。おそらくそれは，『ヒステリー研究』で報告されている大半の症例のように，入院している患者は毎日みるというのが医師の習慣であったからである。カーディナー（Kardiner, 1977）が，分析のためにフロイトを訪れた時のことを語っている。フロイトは，分析を受けるためにウィーンに来た外国人たちのために使うことができる30時間を5人のために使わねばならないと考えていた。だから，各人に週に6セッションがあてられるはずになっていた。ところが実際には，6人とかかわらなければならないので，各人週に5時間しかとれないことがわかった。多分そういうわけで，週に5回というのが適切だと認められたのだろう。いずれにせよ現在の西洋の労働日は週5日である。

　頻回の面接が重要とされていることは，フロイトが「月曜日のかさぶた」について語ったという事実に見られる。エルンスト・クリス（Ernst Kris, 1956）は，もし面接の頻度が減れば，患者の無意識との接触を失うのではないかと落ちつかなさを感じると書いている。ところでこの観点は，分析が本来深層まで，つまりイドの深さまで貫入するものと，つまり内容分析とみなされていることをよく示している。興味深いことにフロイト（Freud, 1913）は，治療が十分進むには週に3回で十分だろうと言っているのだが。

　現在の実践はどうであろうか？　多い場合は週に5セッションで，たいていは週4セッションである。国際精神分析学会は訓練分析として週4回を要求している。米国精神分析学会に加盟していない米国の研究所でも国際精神分析学会への加盟申請ができるという新しい方針が出て，ニューヨークのウィリアム・アロンソン・ホワイト研究所は苦境に直面してきた。そこでは訓練分析のためには最低限週3回だけでよいとされている。国際精神分析学会の一員となる資格が得られるように方針を変えるべきであろうか。そこでは

そうはしないことに決めたのだった。週3回で十分だという経験は無視されるべきではないと私は思う。

一般に，週に4回より少ない頻度で真性の分析状況（それが何を意味するかについては後ほど論じる）を形成することのできる人もいれば，どんなに頻繁なセッションでもそれが不可能な人もいることに分析家なら賛同してくれると思う。わかりきったことだが，個人差が大きいのである。ジュールス・アイゼンバッド（Jules Eisenbud）は数年前，私の発表に対する討論の中で，セッションの頻度を制限しさえすれば分析状況が確立されたであろうという症例についてコメントした。彼は，その患者は頻回のセッションによって耐えがたいまでに侵襲されていると感じていると主張した。

明らかなことであるが，分析状況を確立するために必要となる頻度は分析家しだい，そしておそらく同程度に患者しだいなのである。セッションが頻回でない限り分析的技法を使わないという習慣が浸透しているあまりに，分析状況を可能にするためにはどの程度の頻度のセッションをどんな患者に――またどんな分析家が――行うべきかということがわれわれはわからなくなっているのだと私は思う。多くの時間をかけるほど多くのことができるというのは，わかりきったことのように思える。しかしアイゼンバッドの経験が，この自明の理さえ常にあてはまるわけではないことを示している。分析状況の確立は頻度がどうであれ可能だというのが私の見解である。もう一度言うが，ある特定の状況で分析状況を発展させようとする試みが望ましいかどうかは多くの研究を要する。現実状況はもちろん考慮に入れねばならない。また，その患者が時間と費用の面でどれだけ多くの犠牲を払うかは，その患者が決めるべきことであって分析家が決めるべきことではない。あるいは少なくとも二人でする決断である。実際的な理由で治療が短くならざるをえないと分析家が思っているからといって，はじめから分析技法を用いないようにしようと決めるのは疑問だと私は思う。分析技法を用いた治療をしばらく受けた後，患者が本格的な分析に移行したいと思うかもしれないし，あるいは単にセッションの頻度を増やしたいと思うかもしれない。そのような展開を可能にするためには，分析家がどんな犠牲を患者が払わねばならないかを前もって決めてしまって，こういう可能性を排除することのないようにすべ

きだと私は思う。わかりきったことだが，どのくらいの犠牲が払われるべきかは，治療の中でおのずと決まるのであろう。

　週に4～5回の頻度が分析状況の確立または前進のために常に必須であると証明されてきたわけではない。慣習となっているからといって必須ではないかもしれず，もしかすると望ましいものですらないかもしれない。アレキサンダーが，不適切な依存と彼がみなすものを頻度を減らすことで扱った時，それは非分析的な操作だとして非難された。しかし，退行を導くため週4～5回に固執するのは操作ではないのか？　操作が非分析的となるのはどんな時か？　答えはおそらく，その操作が分析されない時である，ということになるであろう。

　頻度を変えることは，初めに設定した頻度を維持することとまったく違った意味を持っている。頻度の減少もしくは増加には特別な意味がありそうである。頻度も姿勢もまったく変えないで，治療を精神療法から精神分析に変えると宣言するだけで重要な意味を持ちうる。それについて言えば，どちらの治療をするかを最初の査定のあとに表明することは，特にその違いの意味を知っている患者には重要な意味を持っている。頻度と姿勢が同じであってもである。

　頻度を増やすことで何か不利になることはあるだろうか？　実は一部の患者の望ましくない依存を助長することになっていないか？　相互作用の新しいパターンを分析外で試す機会を患者に与えるために一定の期間が必要なのではないか？　少ない頻度で長く行う方が，短い期間に同じ数のセッションを行うよりも効果的ではないのか？　週に1時間加えるごとに，それに応じて過程が進捗するということがはたしてあるのか？　臨床的な知恵として，週に2回目のセッションは1回目のセッションに非常に多くのものを付け加えるとわかっているが，3回目も同様だろうか？　4回目は？

　これらを考慮することで，実際に，もっと多くの人が分析費用をまかなうことが可能になるかもしれない。保険会社（マネジドケア）は，頻度がもっと少ないのであれば長期間の治療にも金を出すかもしれない。そしてセッションが週にただ1回か2回であれば，もっとずっと多くの人が分析の費用を自身で捻出することが可能になるかもしれない。

たとえ精神分析的治療が少ない頻度で行われようと，志願者の訓練分析は
より多い頻度で行われるべきだとこれまで言われてきた。実際ジョージ・ク
ライン（George Klein, 1973）はしばらく前に，週に4～5回の古典的分析
がもっぱら訓練のためだけに用いられる日が来るかもしれないとほのめかし
た。なぜそう言うのだろうか？　このような慣例は，精神分析は多い頻度で
のみ施行が可能なのだという志願者たちの通念を強めることになりはしない
か？　それは，少ない頻度は現実に制約された二流の方便だという通念を強
めることになりはしないか？　少なくとも分析が進行していさえすれば，訓
練分析を含め，頻度を減らすことをもっと考慮すべきである。

　精神療法を精神分析研究所で教えるべきか否かについては，多くの異なる
意見がある。私の提案としては，スーパーヴィジョンには異なる頻度の精神
分析的治療を含めるべきである。そのような訓練の方が，現行のように正統
精神分析と精神分析的精神療法を区別するよりも，臨床家に基本的な分析的
態度を教え込むことができそうである。

　治療を始めるにあたり，どのようにセッション数を決めるものだろうか？
もちろん経済的事情を考慮して決められることもあるだろう。この決定は二
つの原則に従ってなされると思う。一つは患者に可能な限り選ぶ自由を与え
るが，最初の頻度——週に4～5回にすべきかどうかを含む——は共同して
決めること，ただし必ずしもそれを維持する必要はないと後になってわかっ
てくるということ。二番目の原則は，もし可能なら，いかなる変更がなされ
る場合も，患者と治療者が合意して行っている作業そのものの成果にもとづ
くということ。こういう原則にもとづいて頻度の増減が決定されると言って
よい。この原則からして，私は「基本ルール」を告げて治療を始めるのは賢
明ではないという結論に達している。分析作業の中で，患者が心の中にある
ものを自由に打ち明ければ打ち明けるほど，より良い治療となることがわか
っていく方が良い。

　同じ原則が，患者がセッションに来なかったときに料金をとるべきか，ま
た患者は治療者が休暇をとる時に同じく休暇をとらねばならないか，などと
いうよくある悩ましい問題にあてはまる。固定したルールによって口論は避
けられるかもしれないが，口論それ自体が治療において価値があることがあ

る。硬直性は硬直性を生むか，またはみせかけの従順へとつながる。治療者は患者にとって不可避的に何らかのモデルなのである。

## セッションの長さ

　長い間，フロイトの先例にならって，50分がセッションに適切な長さであるとみなされてきた。1時間はいかにも自然な時間の長さであるし，また分析家がセッションの合間に10分間の休憩をとることは少なくともかつてはもっともなことと思われていたし，現在も思われている。電話もかけなければならないし，トイレにも行かなければならない。でももっと重要なことは，分析家はひと息ついてセッションの合間の口直しにシャーベットでも食べる必要があるのではないだろうか。私は，ハムレットが父の葬儀の食事もさめやらぬうちに母が再婚したと嘆いたことを思い出す。グリーンバーグ（Greenberg, 1974）は悲しげに『50分セッション衰亡史』を書いた。今日では，セッションの合間に時間をとらずに45分で患者を診ている分析家が多い。それは明らかに金の問題である。ひとりの分析家は1日にたったの8人か10人くらいしか診ることができない。休憩せずに45分で患者を診れば，1日にあと一人か二人をねじ込むことができるのだ。

　セッションの時間は長さにかかわらず一定にすべきであろうか？　私はそうすべきだと思っている。もし時間がたったの5分といえど融通のきくものであれば，転移－逆転移の"実演"（エンナクトメント）の余地が大きくなると思える。分析枠――それを外的な基準と呼ぶ人（Langs, 1979）もいる――が一定である限り，数分間でさえ転移－逆転移の実演の触媒として非常に大きく働く。そんな特徴を付け加えなくても分析は十分に複雑である。しかし，繰り返して言うが，硬直性は避けねばならない。患者には気持ちを落ち着けるための少しの時間が必要かもしれない。あるいは，特別に意味のある事柄がまさに明るみにでたところかもしれない。そのような出来事に対する分析家のふるまいは，相互作用分析の重要性を示す，とりわけ重要な実例となることがある。

　セッションの長さは，ラカン（Lacan, 1977）の研究において重要な問題となった。ラカンは5分後に患者を帰らせることもあったという。これは著

しく手前勝手なやり方だと私は思う。それにラカンはどうやってスケジュールを維持するのだろう！ 彼はこれまでに通常の時間を超えてセッションを長くしたことがあるのだろうか？ そもそも時間を定めているのだろうか？ 私は以前，ラカンの分析を受けていたある人と話したが，その人は最も価値のある分析セッションは5分後に帰らされたものだったと言った。私は何がそんなに価値があったのかと尋ねたが，彼は何も語ることができなかった。

　私はかつて部分的に2時間のセッションという分析を受けた経験がある。私は，これもまたトペカからの訓練生が週末にシカゴで訓練分析を受けるためにはるばる通っている時のやりかただと理解した。私自身は，その長い時間の贅沢を味わったにもかかわらず，特に質的な差異は感じなかった。それにはもちろん転移の上で意味がある。私はこんな議論を聞いたことがある。50分のセッションが終わろうとしている時になってやっと本題を話し始める患者もいるのだから，そういう人にはもっと長い時間のセッションを持った方がいいかもしれないというのだ。私はどちらかといえば，すぐに逃げ出すことができるとわかっているからこそ，そういう患者はセッションの終わりになってやっと自由に話しはじめるのではないかと睨んでいる。このようなふるまいは明らかに解釈の主題となる。セッションを長くしてはアレキサンダー流の操作になってしまう。

　エドムント・バーグラー（Edmund Bergler, 1938）は30分のセッションを行っていた。彼は，もっと長いセッションの中でできることと同じだけのものをその時間内でやれると言った。なぜなら待つかわりに彼は，患者が抵抗しているということを患者にそのままさっさと伝えるというのだ！ 問題は持続時間の**意味**なのであって，単に持続時間そのものではないことは明らかである。もちろん基本的な現実要因もある。何かを詳しく議論するのに少しばかり時間が必要となることもある。

## 寝椅子（カウチ）

　カウチ，あの有名なカウチ！ 漫画家は必ずカウチを登場させる。それはカウチの背後の椅子に座った男性の髭よりも目立っている。なぜフロイトは

カウチを使い始めたのだろう？　おそらく催眠療法を行っていた日々の名残りであろう。いまだに多くの人が催眠は眠りと結びついたものだと思っている。横になった姿勢の方が眠りに導きやすいというのだ。不幸にして，フロイト（Freud, 1913）は1日に8時間見つめられることに耐えられなかったと言っている。不幸にしてと私が言ったのは，そう言うと批評家たちがカウチの使用はフロイトの特異性の反映に過ぎないと主張しやすくなるからである。しかしカウチは本当に必要なのか？　カウチを使用する通常の理由は，それにより幻想に接近しやすくなるというものだ。患者は気が散ることが少ない。それは横になった姿勢だとあまり動けないことと関係しているとも言われている。フロイト（Freud, 1900）は，夢の中で比較的自由に無意識に接近できるのは，眠っている間は動作が抑制されているためだとした。眠っている人は衝動を実行にうつすことができない。さらにカウチを用いる理由としてしばしばあげられるもう一つの理由は，分析家は，患者の言うことに反応して分析家の顔に浮かぶ情緒の動きに患者が左右されることを望まないというものである。私の一般的な観点に照らせば，これは，分析状況の対人的な性質を消し去るものではないにせよ，極小化しようと試みるもう一つの方法である。そうしたからといってそのような目的は果たすことができない。人が反応を差し控える能力に関してフロイトは言った，「われわれの秘密はあらゆる毛穴からにじみでる」と。最初は漠然としているかにみえるフロイト（Freud, 1913）の文章であるが，これは分析状況において相互作用が持続していることをフロイトが認識しそこねた一つの例なのだとわかった時に意味がはっきりしてくる，「私はこの方法［カウチ］を主張しているが，その目的も結果も，転移が患者の連想にわずかであれ混じることがないようにすること，転移を分離し，抵抗と定義される転移を適切に際立たせることである」(p.134)。

　さて，これらの理由のうちどのくらいがカウチの原理的説明になるだろう？　またどのくらいがもっともらしい合理化であろう？　患者は精神療法で非常に親密なことを話すであろう。転移の中では患者は治療者と親密な身体的接触を持ちたいという望みを表現することもある。治療者を見なくてよければ，そうしやすくなるだろうか？　あるいは，治療者を見ることができ

て，そういう願いを口にしたからといって治療者が不快になるわけではないとわかった方が話しやすいだろうか？　治療者にとっては，患者が横になっている方が，そのような題材を話すよう励ましたり，あるいは水を差さないでただ受け取ることが容易になるのだろうか？　患者は，ありふれていると思われる事柄を話している時ですら，治療者から自然と目をそらすことがしばしばある。またカウチ自体が，両者によって防衛的に用いられることもある。カウチは，話されたことを非現実で，無意味で空虚にさえしてしまう象徴的な砦である。このように答えはきっと患者によって違うし，分析家によって違うし，分析家－患者の組み合わせによっても違う。

　カウチの重要な役割は，より深い題材への接近を促進することだと論じられることがある。椅子からカウチに移動した際に精神病を急激に発症したというような，まれではあるが聞かれないわけではない症例からそう考えられているようである。私はそのようなことが起こるのを見たことがない。そのような例では精神病のもっと微小な徴候が見逃されており，カウチに移動した際に顕在化した急激な発症は,カウチの意味，おそらく今やすべてをあらわにしてよいという許可，あるいは他の力動の結果ではないかと私は思う。私は常々，重要なのはカウチ自体ではなく，カウチの持っている意味だと思っている。ジェームズ・マクローリン（James McLaughlin）は，カウチが無意識的には棺を意味している症例を記述している。もしカウチを使用している患者から精神病的な題材があらわれたら椅子に移すべきだと勧める治療者は多い。そうすれば，治療者と直接的につながることで，患者にしっかりした現実認識を与えることができるというのだ。しかしそういう移動は，治療者がおそれをなしたという意味になって，今度は患者がもっと怖がるようになりはしないだろうか。繰り返すが，重要なのはカウチの意味である。患者にとっての意味だけでなく，治療にかかわる両者にとってのカウチの意味である。たとえカウチへのある反応がほぼ普遍的と言っていいにしても，それらの反応はやはりカウチそのものではなくカウチの意味によるのである。

　しかし，カウチ自体はどんな意味を持つと私は言おうとしているのか？　もしも動きの制約がより深い題材への接近を促進するというのが本当だとしても，それはカウチ自体によるものではないのではないか？　私は違うと思

っている。やはり問題となるのはカウチの意味である。この機会に重要な一般論をもう一度述べておく。あるものがどう経験されるかというだけが実際的な意味のある意見だとは私は思わない。**どんなものでもとにかく何かを意味する**などということは真実でない。私が構成主義について述べたように，心的現実と同様に物質的現実が存在する。カウチへの反応は一者心理学に照らしても二者心理学に照らしても理解することができる。たとえば一者心理学では，「私は自分の衝動のままに行動することはできないだろうから，思いきってそれが何なのか自覚しよう」。また二者心理学では，「何もかも話していいということなのですね」。あるいはカウチから椅子への移動ということなら「カウチを使うには私は病態が重いと先生は考えているのですね」。明らかに，ある姿勢から他の姿勢へのいかなる移動にも詳細な分析が必要となる。そして重ねて言うが，一者心理学と二者心理学が必ずしも二者択一でなくてよい。両者とも真となりうる。

　現実の制約について言えば，ある外界の配置は，別のものに比べてある一定の方法で経験される。たとえばカウチは，体を起こして座っているのよりも幼児化促進的であると患者に経験されそうである。しかし被分析者によっては，ある姿勢が通常の意味とは正反対の意味を持つこともある。

　カウチは，直接対人的な意味よりももっと一般的な重要な社会的な意味を持っている。多くの患者——そして治療者——にとってカウチはステイタスシンボルである。そういうものとしてたやすく濫用されがちである。頻回のセッションによる分析では通常カウチが用いられるが，少ない頻度のセッションでは，たとえ私が分析技法と定義するものが使われていようと，椅子が通例であろう。そのような慣習的な選択があるため，それらの意味を詳細に探究することはよりいっそう重要であると私は思う。

　ジェローム・オレムランド（Jerome Oremland, 1991）は，体を起こして座る姿勢は二者的な状況への注意力を育て，一方，横になる姿勢は一人の精神内界の構造を強調することになると論じている。私（Gill, 1991）は，仮にそうだとしても，それは治療者の期待にもとづく自己充足的予言かもしれないと反論した。

## 料　金

　ここには多くの複雑な問題がある。通常よりも安い料金で分析を行うことは可能だろうか？　さらに料金なしというのは？　保険会社による全額もしくは部分的な支払いが分析を妨害すると思い込んでいる分析家は多い。私の答えはこうである，問題となるのは事実そのものだけでなくその意味である。このような考え方は，いかなる外的な条件も分析されさえすれば許されるという議論を導くように思われるかもしれないが，私はそういう考え方をしているわけではない。すべてが解釈により消されるわけではない。標準的な料金を支払うことのできる人にとっての低料金と，そうはできない人にとっての低料金は大きく異なる。私は，それ以上は支払えないという患者に対して，テープに記録して研究材料に使うという許可と引き換えに低料金の分析を行ったことがある。私はそのような設定による転移－逆転移の意味が解釈により完全に解消されうると言うつもりはないが，そのような状況でも本物の分析状況は発展しうると思っている。

　通常の料金にするか，それより安くするか高くするかについて，社会的な文脈に照らして興味深いことがある。同じ地域でも，分析家が料金をいくら請求するかには驚くほどの違いがある。これにはもちろん複雑な意味があって，患者－分析家の関係に対してだけでなく，同僚との関係に対しても意味がある。医師の分析家はたいてい最も高い料金を取り，次に心理士，次にソーシャルワーカーである。

## 治療の持続期間

　分析は長年続くことで悪名高い。フロイトの時代には分析はもっと短かった。ちなみにその時代には，分析中には大きな決断を一切しないようにという訓戒を今日よりはるかに無理なく実行できた。今日では分析は10年以上続くことさえある。どうしてそんなに長くかかるのか？　分析家の受身性が一般に受け入れられていることが要因なのか？　葛藤の完全な解決というの

が非現実的な理想なのか？　認識されていない支持的な機能のゆえに，分析が嗜癖の性質を帯びてくることがあるのだろうか？　もしくは慢性の，認識されていない，したがって分析されない転移－逆転移の絆のゆえだろうか？　分析家の分離不安が患者を去らせないようにしているのだろうか？　われわれが分析過程を理想化しているために，達成しうることには限界があることや，失敗だってあるということを認められなくなっているのだろうか？　分析の限界を認めることができないために，残念ながら適任ではない候補生にさらに分析を続けることを勧め，分析家を変えてみるべきだと考えることすらしないという例を私はこれまで見てきた。かつて持ち出して受け入れられなかった議論ではあるが，訓練機関は5年すれば訓練分析の分析家の交替を義務とするというルールを確立するべきだと私は思う。

　分析家は5年ごとに分析を受けなければならないというフロイト（Freud, 1937a）の勧めは，比較的短い分析が行われている時代には実行できたであろう。さもなければ分析家は四六時中分析漬けとなり――それはことによると悪くはない考えかもしれないが――逆転移神経症の遍在性と中心性に思いを馳せ，分析家の心理が人生経験につれてどのように変化するかを考えることになってしまうだろう。

　精神分析的治療という言葉で，私が短期の治療を意味しているわけではないことを明確にしておこう。精神分析的治療は，正統精神分析と同じくらい長く何年にもわたることもありうる。

## 正統精神分析と精神分析的治療

　分析はある一定の段階を踏むものであるという通説がある。転移が熟成するには時間がかかるし，そうして初めて解釈が受け入れられるようになると信じられている。ハイマン・ムスリンと私（Gill and Muslin, 1976）はずいぶん以前に，早期の転移解釈について一書を著した。一般には転移神経症が発達するにはさらに多くの時間がかかると考えられている。転移神経症の概念についてはいまだ議論がつきないところであるが，それを主題に私がすでに著したもの（Gill, 1982）につけ加えることはない。私は特に，転移は積

極的に追求されねばならないというエドワード・グローヴァー（Edward Glover, 1955）の意見を積極的にとり上げた。「エディプス神経症」の患者の転移と，より重篤な病理の患者の転移では原則が異なるのかということは，いまだ議論の種である。私は，転移や転移神経症の発展には必ず長期間かかるということは証明される必要があると考えている。分析界はいまだ，分析家は分析過程を開始することはできるが，その後の分析過程はそれ自身の固有の経過をたどるというフロイト（Freud, 1913）の見解（p.130）の影響下にある。この見解は明らかに一者心理学的分析の概念を前提としている。

　転移も転移神経症も長期間かかって発展するという考えの説明として，それらは退行の結果であり退行には時間がかかるというものがある。退行をもたらす分析状況が何であるかは，40年以上前のイーダ・マカルパイン（Ida Macalpine, 1950）の先進的な論文は別として，ほとんど論じられていない。私が思うに，退行が当然必要なものとみなされている理由は，もしその話題があけっぴろげに追究されるようなことがあれば，分析家の相互作用への寄与が隠しようもなく露呈してしまうからであろう。患者の中の自我親和的なものを症状に転換するのに必要なのは，退行のための時間ではなく分析家の側の介入である。オーウェン・レニック（Owen Renik, 1993）の近年の症例報告はその点を示している。彼が患者の生活は病理的なものであると力説して，はじめて分析は新しい局面に入ることができたのである。治療が進むにつれ，逐次，別の問題が浮き彫りになってくることはたしかである。これは，患者の発達早期へと段階的に向かうという意味での，退行が起こっていることを意味しているのだろうか？　私は違うと思う，より強く抑圧されていた題材が明るみに出てくるということを意味するかもしれないが。これを退行と考えることもできるが，少なくとも患者がより苦痛の多い問題に直面できるようになるという意味で進歩と考えてもよいと思う。

　分析が進めばこうなるだろうという通説がもう一つあって，それは，身体的な用語で枠づけられた問題が分析過程の，そしてまさしく心の根底であるという考えである。したがって，それらの「深み」に達してはじめて真の分析過程が発展するというのである。古典的分析は，心的葛藤を身体的な用語で枠づけることを真正の分析に特有かつ特徴的なしるしとみなしており，ま

た身体的な用語で問題があらわれてくるには長期間を要すると考えられているため，精神分析的治療は，私もそれと精神分析的精神療法とを区別してはきたが，真の分析とはみなされないようである。もう一度言うが，身体的な幻想の明確なもしくは暗黙の徴候にいつ焦点を合わせるかには，分析家の見方が大きな役割を果たすのである。

「ギルは週1時間，椅子で分析ができると思っている」と言われているのを耳にしたことがある。ある意味ではそのとおりではあるが，別の意味でははなはだしい誤解である。多くの例で週1回椅子に座った姿勢で真正の分析作業がなされうると私が信じているのは本当であるが，だからといって週1回椅子に座るのと週5回カウチに横になるのとでまったく同じことが起こると考えているわけではない。

私が闘っているのは，分析は少なくとも週に4～5回のカウチ使用でのみ行われるという考えが機械的に受け入れられていることに対してである。私が闘っているのは，週に4～5回のカウチ使用に至らないものはすべて正統な分析とは異なる治療法となるという考えが機械的に受け入れられていることに対してである。私は分析をより多くの人に利用できるものにするため，分析の頻度がその患者に対して分析過程と両立しうる最小限になることを望む。姿勢についてもその患者に対して分析が進行するのに最も役立つ姿勢を望む。

どのような頻度と姿勢が最適かは，患者によると同時に，分析家にもよることは繰り返し述べる価値がある。私は，分析過程でその患者に必要だからというのではなくただ単に原則だからという理由で，分析家に頻回のセッションやカウチを用いてほしくない。私がたいていの人よりもしかするとせっかちだということは認めるが，多くの分析家が取っているよりも積極的なスタンスを取った方がよりさっさとことが運ぶとやはり確信している。分析家の受身性は中立性とはきちがえられてきた。いつも私が言っていることだが，分析家は患者に対する自分の行為の意味に注意を怠ってはならないし，同様に患者に対する沈黙の意味にも注意を怠るべきではない。沈黙している分析家は何もしていないのではないということは，いくら繰り返しても繰り返し過ぎにはならない。言葉にされる必要のあるものが省略されるのは，言葉に

されたことと同じくらい重大である。

　一例を挙げる。最近のスーパーヴィジョンのことである。そのスーパーヴァイジーは次の点を明確に理解しているにもかかわらず，その理解を実践に移すことがなかなかできなかった。被分析者に必ずや強い感情を誘発したと思われることが起こった時，その感情を被分析者が話すこともわずかにほのめかすこともないのに，分析家は被分析者が感情を話さないでいることを指摘しないで，どんな感情を持ったかを尋ねてしまうのである。むろんのこと，もし被分析者がそれらの感情を何ら自覚していないと答えることになれば，その問いかけは，患者がその事柄に対して感情を持つだろうという分析家の予想と患者がそれらの感情に何ら気づいていないこととの食い違いを示すことになる。

　どういう感情であるかということよりもどうして感情を話さないのかを尋ねるのが何故そんなに難しいのかを私がそのスーパーヴァイジーに尋ねると，彼はどういう感情であるかを明確にするのは自分の責務だと思っているからだと答えた。私のコメントは分析状況の進展の捉え方と関係がある。それは共同過程でなければならない。そうでないとすれば，分析家は，慢性的な転移－逆転移の相互作用というものは自分がいつも作り出し，自分がいつも強い促しを与えなければならないものだとひそかに考えているのかもしれない。被分析者にとって，そのように尻を叩かれることの持つ無意識的な意味は神のみぞ知るである。分析家にとって叩き役であることがもつ無意識的な意味は言うに及ばずである。

　別のところに書いた（Gill, 1988）ことだが，もし治療が私が述べてきたように行われるならば，精神療法から精神分析への「転換」という問題に大いに異なる光が当ることになる。もし精神療法を行っている患者に，分析がなされるべきとなれば，患者を他の治療者に移すべきだという通常の議論は，精神療法が転移を「汚染」してしまうだろうから，転移分析がもはや不可能になるという考えにもとづいている。今まで述べてきたことからすでに明らかだと思うが，私はそのような考えには不賛成である。なぜならその考えは，分析が「汚染」なしに，すなわち相互作用なしになされうるということを示唆しているからである。私の見解はまた，先行する精神療法が，私の述べて

きたような精神分析的治療の方針に沿って行われたであろうという考えにもとづいている。かくして私は，同僚たちにギルは実のところ分析をわかっていないと思わせるに至った結論に到達するのである。すなわち，精神分析家は精神分析を実践するべきである——もしくはよりよい言い方をすれば，私の定義するような精神分析的治療を実践するべきである——いかなる時も。

　私は，ドイツのウルムのヘルムート・トーメ（Helmut Thomä）によって綿密に考え抜かれた論文に読者の注意を喚起したい。彼は分析的訓練に関して，訓練生自身の分析セッションの頻度とスーパーヴィジョンのもとで訓練生が行う分析に関して，広く受け入れられている定説（ドグマ）に対し多くの疑問を提出している。

# 第6章

# 自由連想と分析過程

　自由連想について詳しく論じようと思う。というのも私は，この主題が一者心理学と二者心理学との違いの多くの側面を考える上で大いに役に立つと考えているからである。自由連想は精神分析状況の内的な基準に分類されがちだが，それを外的と呼ぶか内的と呼ぶかによって，はっきりわかってくることがある。内的な要因は，治療者に主たる責任がある要因と患者に主たる責任がある要因とに分類できるということである。私は，転移分析は内的要因であるとみなしてきた。転移分析は主に治療者の仕事であり，一方，自由連想は主に患者の仕事である。しかしこのような定式化は誤解にもつながる。分析の中のあらゆるものには治療者と患者の双方が寄与しているのである。

## 権威主義者としての原則

　フロイトは自由連想をするよう命じることを分析の基本原則と呼んだ。ほかならぬ「原則」という言葉が使われていることが一つの問題を提起する。その原則が，患者に治療者の願望や要求を押しつけないように自制するという治療者の目標とは正反対と思われるような，治療者側の権威主義的姿勢を示唆しているのではないかという問題である。
　その原則の権威主義的な性格が，それが**自由**連想と呼ばれていることによって，わかりにくくなっているかもしれない。自由連想という用語は実のところ，自由連想より以前から用いられていた技法である**指示**連想の反対語として用いられている。圧迫技法をも含む指示連想では，フロイトは患者の連想が失敗した場合は患者の額を圧迫していた。ここでいう失敗とは，フロイトが尋ねたことについて患者が何も言わないか，それについて何もつけ加え

ないことを意味する。額を圧迫している間，フロイトは患者に最初に心に浮かんだことを話すように指示した。だから指示連想である。フロイトの著述によれば，「患者は，それが求められているものではなく正しいものでもないとふと思ったからとか，あまりに言うに憚られることだからとかいう理由で，最初に心に浮かんだことを胸にとどめておくべきではない。情緒的な理由であれ重要ではないと判断されるからという理由であれ，それに批判を加えたり，言葉を差し控えたりしてはならない」（Breuer and Freud, 1893-1895, p.270)。

マーク・カンツァー（Mark Kanzer, 1972）は『自由連想と基本原則が持つ超自我の性質』を著し，基本原則についてのフロイトの言い方は，いまだ精神分析のなかに残っている催眠療法的権威主義の名残りであるとみなしている。カンツァーによれば，「基本原則は圧迫技法を完全には脱却していないし，実際のところ，「誤ることのない」分析家という人物を患者自身の責任と良心に置き換えることによって，ひそかに超自我を動員している」(p.257)。カンツァーは，フロイトがその原則を，患者に「従順」(1915-1917, p.287) を「誓約」(1940, p.174) させる，侵すべからざる (1915-1917, p.115)「布告」(1910a, p.32) あるいは「協定」(1940, p.174) と呼んでいるところを引用している。カンツァーは，フロイトはやがてもっと寛容になり，原則通りにいかないのは避け難いと悟ったと信じていたが，フロイトが「『現実』という，より高次の権威を引き合いに，自身を中立的な道具と表明した」時は自身を欺いていたのかもしれないと示唆している。一例として，カンツァーはフロイト（Freud, 1916-1917）がネズミ男に「肛門罰の詳細を復誦しなければならないというあなたの強迫観念をなくすことは，あなたの力ではできないのです」と告げているのを引用している。

基本原則を用いるという通念に疑問を提出してきた分析家も何人かいる。その疑念は，基本原則という言葉はもっと試験的に用いられるべきだという示唆にはじまり，基本原則は患者に責務を課すことで自由を与える仕組みだと言われているが，その基本原則がまさにその自由を侵犯しているという結論にまでわたっている。

エルンスト・クリス（Ernst Kris, 1956）は，基本原則を義務でなく許可

として提示することに反対している。クリスはマーガレット・リトル（Margaret Little）の1951年の逆転移に関する論文を引用しているが，その中でリトルは「われわれはもはや患者に心に浮かんだすべてのことを話すように告げる必要はない。その反対にそうしてもよいという許可を与えるのである……」と言っている（Little, 1951, p.39）。その引用にクリスはこう続けている。

　　この言い方は「今日の」とたいてい表現されるような「分析の原則」のことを言っているものと思われる。強調部分を移行させることは，分析状況の構造に多大な影響を及ぼすと私には思える。そうした移行は分析状況をより「個人的な」ものにしている。なぜなら自由連想を「許可」するのであって「強要」はしない分析家は，私には，無作法を叱らない親と親和性があると思えるからである。ひょっとすると，引用したこの論文で転移と逆転移がまったく等価の現象として扱われていることもこれで説明がつくかもしれない［p.451］。

クリスの言い方は，基本原則を強要することは非個人的で，一方，基本原則を許可するという態度は「個人的」だと暗に示している。それは，分析家が何か言うときには，個人的な意図でそう言ったのだと患者が体験しないような，しかるべき言い方があるということを意味しているが，これは介入に対する治療者の責任を否認するばかりか，患者の心的現実を真剣に捉えていないことを露呈している。

## 自由連想の定義

　自由連想をどう定義すべきかに関しては，文献上，重大な意見の相違がある。指示にしたがって患者が話すことは何であれ自由連想と定義するか，あるいは，本来的に「一次過程」の産物であり，支離滅裂や不明瞭という特徴のある特殊な類の連想を自由連想と定義するかの違いである。フロイトの自由連想の見解を正しく述べると，基本原則の要請に応じて患者の言うことは何であれ自由連想なのだ，というサミュエル・リプトン（Samuel Lipton,

1982）に私は賛成である。その効果のほどについてフロイトを直接に引用することはできないが，自由連想および基本原則についてフロイトが著述したものはすべて首尾一貫していると私は思う。自由連想は一次過程の流出であり，その最も十全に発達した形においては抵抗のまったくない状態であるという考えを論破しようとしてフロイトを引用することはできない。なぜなら彼は終生この考えを明確に述べることはなかったので，それゆえ反論を招くこともなかったからである。

しかし私は，自由連想は患者が基本原則の要請に応じて生み出すものだという公式に近いような言葉をいくつか引用することができる。たとえばフロイト（Freud, 1925）はこう述べている，「この方法のもうひとつの利点は，決して失敗することがないということである。**連想の性質に何の条件もつけないとすれば，理論的には常に連想を得ることが可能である**」（p.42, 強調はギルによる）。

## 自由連想は学習されねばならないか？

もし，基本原則に従うという要請に応じて患者の生み出すものは何でも自由連想であるとすれば，自由連想の能力は学習の必要がないということになる。ふたたびフロイト（Freud, 1990）を引用する，「『自身の自由意志』を浮上させること，通常は自身に対抗して作用している批判的な機能を放棄することと思われる考えへ向かうよう要請する心的態度を採用することはできそうもない，と思ってしまう人々もいる」（p.102）。しかし1ページ後には彼はこう書いている，「にもかかわらず……非難せずに自己観察するという態度を採用することは決して難しくないのである。私の患者の大部分は，最初に指示した後に自由連想をすることができる」（p.103）。

自由連想は学習の必要がなく，またそれは特殊なコミュニケーションのひとつだという考えと矛盾しないというフロイトの考え方とは対照的に，デワルト，カンツァー，レーヴェンシュタインらはすべて，自由連想は学習を必要とすると考えていた。デワルト（Dewald, 1972）が最も明快で，こう述べている，「分析を受ける患者の大部分は自由連想の技法を段階的にしか学べ

ないし，成果のある自由連想の好例はたいてい分析治療の中期か後期に生ずる」(p.612)。カンツァー（Kanzer,1972）はこう述べている，「自由連想は自然に獲得されるものではなく，しばしば指摘されてきたことだが，洞察の獲得を志向して学習される過程である……」(p.247)。またレーヴェンシュタイン（Loewenstein, 1963）の観察によれば，「ほぼすべての患者が，基本原則に従う能力を獲得するまでに，時間だけでなく何がしかの準備的な分析作業を必要とする」(p.463)。アイスラー（Eissler, 1963）は，自由連想をもっと遂行困難なものと考えている。

> 精神分析過程では，「すべてを話す」ことは過去や現在のすべての出来事，すべての気持ち，衝動，幻想を報告するだけでなく，患者自身が偽りや作り事だと，あるいは重要でなく不必要だとみなしていることをも報告することを含んでいる。これらすべての題材を分析に持ち込めるようになるには，なにがしかの変化が患者の中に起こらなければならない。奇妙に思われるかもしれないが，この要請を遵守することは極めて困難な課題であり，いまだかつてそれを完全に遵守した人がいるかどうか疑問である。

この問題について私自身はどんな立場であるか？　うつろいゆく思考をつかまえるのに修練がいることもあろうし，時には患者がはっきり意識にのぼっていることを連想から省くこともあろうが，それらを考慮に入れても，自由連想は学習の必要がないという考えに反しないと私は思っている。いずれにせよ，患者が言うことを何でも自由連想だと解釈するという操作的定義を，患者が主観的に気づいていることのすべてを話しているかどうかから区別することは可能である。

## フロイト：拡張されたコミュニケーション

フロイトの考えでは，自由連想は**拡張されたコミュニケーション**であって，本質的には論理的で首尾一貫しているが通常は会話から除外されるような類の題材を含む。つまり，患者は普通のお喋りよりも多くの思いつきを報告するが，その報告は付加的な思いつきに限られるわけではないことを意味して

いる。フロイトはその著作の中のあちこちで，患者はたとえ気乗りがしなくても話すべきだ，患者のこういう類いの考えには著しい一貫性があるのだと言っている。こういった考えは一見したところ，つまらない不適切な，無意味な，気恥ずかしいものに見えるけれども。

『ヒステリー研究』でフロイトは書いている。

> 患者が行う理由づけは，あたかも完璧で完結しているかのように聞こえる。しかしもし，患者がさしたる困難も抵抗もなくわれわれに与えた説明を批判的な目で検証するならば，そこにまちがいなく食い違いや不完全さが発見されるであろう……というのは，たとえ無意識に達することになろうとも，健康人と同様にヒステリー患者にも，われわれは一連の思考に論理的なつながりと十分な動機づけを要求するからである。神経症自体の力ではこれらの関係づけを弛緩させることはできない……。したがってわれわれは……一連の思考におけるこの種の食い違いが明らかになるたびに，あるいは患者が自分の動機のゆえであるとしている力があまりに通常とかけはなれたものであるたびに，秘密の動機があるのではないかという疑いを持つのである［「不適切な説明」］[Breuer and Freud, 1893-1895, pp.292-293]。

しかし論理的に語られる話の中で裂け目が生じるときにだけ，それが裂け目だとわかるのである。これは，隠れた意味を解釈するには，それに先んじて分析家は表にあらわれた意味を理解していなければならないことを意味している。互いに理解され理解していると知る責任を分析家と被分析者の双方が有している，むろん分析家の責任の方がより大きいが。もし分析家が理解していないのなら分析家が探究すべきであるし，もし分析家が誤解されていると知ったのならどういうつもりで言ったのかを明確にすべきである。もちろん誤解によって，扱われる必要のある転移の中の何かが露呈することもあるかもしれない。一般に，もし患者が自由連想の何たるかについて別段歪んだ観念を持っていないのなら，患者は自分の仕事や趣味の専門的な点といったような，分析家が理解していないかもしれないと感じて当然なものは何であれ説明するものである。しかし，もし患者が考え違いをして，分析家はその手のことに多少知識があると決めてかかっている場合，分析家は表にあら

われた意味を理解できるように十分な情報を求めることになってしまう。もちろんこのように尋ねることは転移に影響を及ぼしうる。分析家が何か専門的な奥義を知っているという想定は，転移に影響を及ぼす。患者はたとえば，分析家が知らなくて当然と思っているようなことを，分析家が知っているふりをするかどうかを知ろうとして試しているのかもしれない。同様に，分析家が尋ねるのを怠ることも転移－逆転移の相互作用に意味を持ちうる。可能性は無限である。

　クリス（Kris, 1956）は，自由連想について私が述べたのとほぼ同じようなことを言っている。彼は次のように書いている。

> 　われわれは，分析過程は患者を故意に選択された無構造におくものだと強調してきた。ある主題から他の主題へ移るのが規制されていないということが，自由連想の役割の中心的なものである。それには，理解が可能であって，情報を与えたり，説明したり報告したり，夢について連想したりするものでなければならないという特徴がある。その点において，患者は自由連想を指示される一方で，分析家とのかかわりの中で自分の言っていることや考えていることが静かな傾聴者に把握できるようにしなければならない。ある特定の患者がこの接触を失いがちであるのを観察する際に，次のことは常に非常な重要性を持っている。思考やイメージの圧力に従うように促される時，それらが患者の心に押し寄せるために，患者は独白や精神的な孤立に引きこもってしまう。しかしもっとありふれているのはその正反対の困難である。つまりコントロールを放棄することや内的な源泉の圧力に従うこと，あるいはそのような圧力を認知することが不可能だと悟った患者のふるまいである。この両極でそれぞれ，しばしば同じ理由で分析治療が不能になるようである。最初の場合には，退行が力をふるい，分析家との接触を破壊する。われわれは，まさに分析状況の要請によって緩められた，制御不能な力である退行に直面する。2番目の場合では，同じ危険も存在するかもしれないが，崩壊の脅威に直面した反カテクシス的な力が，退行への絶対的な抵抗を産み出す[pp.450-451]。

　このようにクリスは，自由連想の二つの対照的な障害を述べ，分析状況では分析家との接触が維持されねばならないという事実から，分析状況を二者

状況であるとした。おそらくそういう言い方には反対であったろうにもかかわらずである。

クリスの意見は，独白に見える時期は不可避かつ望ましいものでさえあるというゲドー（Gedo, 1981）やボラス（Bollas, 1987）の考えと興味深い対比を示している。

## 意識の変容状態？

私は以前，**精神療法（的）**状況とは対照的な**分析（的）**状況を生み出すためにはカウチが必須であると考えている人たちがいると述べた。すでに紹介した理由に加えて，カウチは自由連想を可能とするために不可欠であり，自由連想している患者の精神状態は通常の精神状態とは異なっていると主張する分析家もいる。もしこれが本当なら，すなわち自由連想が精神分析の内的な基準であるなら，カウチを用いるというような外的な基準が変更された場合でも分析技法を用いることができるという私の主張に関して深刻な疑問が生じる。私はこの点に戻ろうと思う。

自由連想に関するフロイトの議論は，拡張的なコミュニケーションに含まれる観念は通常の精神状態では表現されないということを暗に意味している。そういう観念は，抵抗の緩和が意識の変容状態を導くからこそ浮かび上がってくるのである。フロイトは，自由連想している人の自己観察と批判的に内省している状態とを区別していた。前者に関して彼はこう述べている，「問題となっているのは明らかに，心的エネルギー（すなわち動的な注意）の配分において眠りに落ちる前の状態と類似した心的状態――それはまた催眠状態とも類似していることは疑いない――の確立である」（Freud, 1900, p.102）。

バートラム・レヴィン（Bertram Lewin, 1954, 1955）は，自由連想と，自由連想が適用されている状況すなわち自由連想の用いられ方を区別した。彼は，一人で行う自由連想と分析状況における自由連想とは，後者に転移があることにより区別されるとした。ただし抵抗（一人で行う自由連想については彼はそれを防衛と呼んでいるが）は両者に存在する。この区別をする際に，

彼は自由連想の概念の構成は極めて曖昧だと主張した。レヴィンはさらに，夢の心理学を分析状況における自由連想の特殊な使われ方に適用し，以下のように結論した。

> その核心においては……静かな自己観察の状態というフロイトの特殊で厳密な定義が存在する……それは静かな自己観察があってもよいがなくてもよい内省とはまったく異なるものである……厳密に定義された規範であるその核の周囲に，あらゆる程度の覚醒と眠りの意識状態がひろがっている……ある方向には夢想(レヴェリー)や夢への気づかれないほどの移行があり，別の方向には指示による二次的過程である 構造化された精神的作業への移行がある［Lewin, 1955, p.185］。

レヴィンらはこの連続体に沿って自由連想を位置づけ，言葉による連想が自由連想に不可欠だと強調している。もし視覚的もしくは聴覚的なイメージへ向かう退行があるとすれば，その退行は，睡眠自体を欠く催眠状態におけるように，眠りに向かっている。近接したテーマについての別の論文で，レヴィン（Lewin, 1954）は眠りと眠らずにいることとの中間状態にあるカウチの患者を描写している。願望の解釈は患者を覚醒へと刺激し，一方，防衛の解釈は眠りへ誘う効果があるという。私はそれは疑わしいと思う。どんな類の解釈も刺激と体験されて覚醒度の増大へつながりうるし，あるいは眠りを誘うものと体験されて覚醒度の減少につながりうる。

カンツァー（Kanzer, 1972）は自由連想と基本原則の区別を提唱した。それはレヴィンの一人でする自由連想と分析状況における自由連想との区別に対応している。

カンツァーによれば「超自我は自由連想と基本原則——相互に影響しあっているが分析過程に独自であるわけではない二つの側面——の両者が作動するなかで顕在化する……前者は自由に思考のたゆたう状態であるという概念は，患者がそれらの思考を言語化を通して分析家と共有するという条件を度外視している時にのみ適用が可能である。レヴィンとカンツァーによる区別は，暗に一者心理学と二者心理学の区別に言及している。夢想に陥った患者は，分析家から引きこもることで抵抗しているのかもしれないと私は思う。

そのような抵抗の顕著な形として，うつらうつらしたり，寝てしまったり，ディケスとパペルニク（Dickes and Papernik, 1977）が記述しているような自発的な催眠状態に陥ることがある。また逆に，分析家が患者から引きこもることは，患者の引きこもりが抵抗であると分析家が気づけないでいることと関係しているかもしれないと私は考えている。実際，この相互の引きこもりの結果として，偽装されていない退行的な内容をともなった一次過程様のものとして自由連想が定義しなおされるのかもしれない。このような引きこもりの時期が，分析過程に不可欠かつ望ましい局面であると考えている分析家もいることに私は以前から気づいている。よりわかりやすく言えば，分析状況は常に同時的に一者的な側面と二者的な側面を持っているが，ある一時期には一者的な側面か二者的な側面のいずれかが前景に立つ（Hoffmann, 1991）ということである。

## 自由連想と抵抗

とりとめのない連想をする患者は，単に誤解からだけでなく，悪ふざけでそうしているのかもしれない。理想的な自由連想が一次過程の素材を生み出すという考えは，自由連想は原則的に精神内界の防衛から自由であるという考えに等しい。たとえばレーヴェンシュタイン（Loewenstein, 1963）は，理想的な自由連想には何の抵抗も存在しないとする立場をとっていると思われる。彼はこう書いている，「基本原則自体が抵抗の的となるにもかかわらず，また抵抗が自由連想の流れを妨げるにもかかわらず，抵抗は不可避なものである……患者の一次過程思考は再賦活されているが，彼はその一次過程と言葉で交流しているのだから，一次過程に二次過程思考の重要な特質を与えているのである」（pp.468-469）。抵抗が理想的な自由連想につけ加えられているという考えは，むろん，治療過程のあらゆる段階に抵抗がともなうものである（p.103）というフロイト（Freud, 1912b）の考えの完全な対極にある。内容に先んじて抵抗を解釈すべしという原則に沿って考えれば，ブッシュ（Busch, 1993）が強調してきたように，自由連想の抵抗は分析されるべきであって，説得や質問によって克服されるべきものではない。不幸にして

往々にあることだが，その題材が探索されずに差し控えられていると分析家が感じた場合，分析家はその抵抗を分析し表現を促すべきである。フロイト自身は，まず抵抗を分析するという自分の定めたルールに常に従っていたわけではない。フロイトは，ネズミ男が拷問をなかなか描写できなかった際に行ったように，差し控えられた内容を推し測ろうとあの手この手で抵抗に打ち克とうとしている。「非医師による分析の問題」でフロイト（Freud, 1926）は次のように観察している。

> 分析家は，患者が忘れていた経験だと分析家に述べる事柄や，患者が抑圧してきた本能的衝動の由来をたどることがそんなに簡単なことではないと悟る……分析家は覚悟する……何トンもの鉱石に取り組むような骨折りを……患者の言うことや連想は分析家が探しているものの歪曲――いわば隠喩――にすぎない……その題材は，思い出からなるものであれ連想からなるものであれ夢からなるものであれ，まず**解釈**されねばならない［p.219］。

この10年前にフロイト（Freud, 1916-1917）は書いている，「強迫神経症者は，過剰に話すことや疑念を抱くことによって技法上の原則をほぼ無益にする術を完璧に心得ている。不安ヒステリーに苦しむ患者は，分析に何一つ役立つことのないように，探求しているものとかけ離れた連想しかしないことで，その原則をまんまと**荒唐無稽なものにしてしまうことがある**」（p.289）。フロイトは，注目すべきことに，そのような患者は自由連想をしていないと言うのではなく，彼らが産み出すもののほとんどが分析不能なものだと言っている。

フェニヘル（Fenichel, 1953）がフロイトに応答している。

> 「原則に従っている患者の発言は，単に，今や意識化されつつある無意識の反映ではない。それはむしろ，通常の会話におけるよりも確実に比較的はっきりとあらわれてくる何らかの無意識の衝動と，主体にとって同じように無意識に近いものとして，あるいは歪曲された形であらわれてくる自我の何らかの抵抗とのせめぎあいである［p.322］。

フェニヘルが，基本原則に従っている，すなわち自由連想している患者で

さえ，抵抗を示していると考えていたのは明らかである。抵抗というこの問題に照らして，偽装をはぎとられた退行した題材からなる一次過程様の産物を自由連想だとする考えと，患者が産み出したものは何であれ患者の自由連想とみなす考えとを区別できる。前者の考えは理想的な自由連想には抵抗が欠如しているとみなしているが，一方，後者の考えすなわちフロイトの考えでは，自由連想で産み出されたものは抵抗の遍在を示していて，抵抗を認識し解釈する助けともなる素材を提供しているとみなす。患者の産み出すものは，片方がもう片方の抵抗となるような正反対の願望間の妥協形成である。フロイト自身の臨床的な傾向は，すでに述べたように，抵抗を扱うよりも「内容」の暴露へと向かっている。したがってフロイトが示唆しているのは，患者があまりにもきまりが悪いと訴えるような場合，分析家は抵抗に焦点をあわせるよりも基本原則を患者に思い出させるべきだということである。フロイトは結局，転移を解釈するのでなく操作しようとしていることになる。

## 一次過程の産物としての自由連想

デワルド（Dewald, 1972）は，自由連想は一次過程様の特殊な産物であると最も明確に述べているが，自らの考えがフロイトと異なるとは気づいていないようである。デワルドが自身の著書『**精神分析過程**』で一次データを提示してくれている点で，またこの私が20年以上前に書かれた研究を扱っていることを認識している点で，私は彼の仕事を正当に評価はするが，にもかかわらず彼の分析の記述にはいたるところに自由連想への根本的な誤解が混入していると言わざるを得ない。この問題は，デワルドの本に対するサミュエル・リプトン（Samuel Lipton, 1982）の優れた書評の中で徹底して論じられている。そこから引用しよう。

　　デワルドが自由連想を本質的に非論理的と解釈していることはこの本の読者の誰にも明らかだと思うが，どこにそう書いてあるかをはっきりさせるのはむずかしい。その分析の間中，患者が非論理的に話しているのは事実である。患者の話すことの大半は無意味に見える。これは患者が考えることに何

らかの困難を感じているためではなく，患者はそんなふうに話すものだという，デワルドの承諾や促し，ないしは強要を受けているためである。その結果，患者がつながりや説明や理にかなった考えをあまりに一貫して省略したため，それに対するデワルドの記録が，注意深く読んでも極めてわかりにくいものになっている。どの面接においても，患者が話していることの大半から何も汲み取れないのである［p.351］。

ある時点で，患者自身がこのことに触れて次のように述べている，「私，神経質な小さな女の子にそっくりの感じがするんです。まるで自分の娘みたいな感じです。娘は，不安になると私たちが結びついていることを確かめようと喋るのです。それは無意味ですべて歪曲されています。「怖いからあなたが必要なのです」と言うかわりに，私は話し続けなければならないのです」。そこでデワルドは「そんなに怖いという感じは何なのでしょう？」と尋ねている (p.184)。私には，この質問は明確化をしておらず，無意味なことを話しているという重要な点から患者の気をそらせていると思える。とにかくこの場合でも他の場合でも，無意味なことを話しているという問題を話しあっていることを示す箇所はこの本には見当たらなかった［p.351］。

後にリプトン（Samuel Lipton, 1982）が述べている。

　［デワルドが「自由連想は本質的に非論理的である」と考えている］というはっきりした確証を一つ私は見つけることができた……。一つしかないからといって驚くにはあたらない，というのは，それはデワルド自身が間違えたと思ったことの説明だからである。ある一面接の中で（p.255）患者は数分間沈黙し，それから理解不能なことを述べた，「私には虫がいると思われているの」。デワルドは言った，「あなたが何のことを言っているのか私にはわかりません」。
　私には，デワルドの発言は極めて自然かつ必要なものと思われる。その理解不能な発言の前の沈黙の間，その患者が連想を抑制していたのは明らかである。私が常々不可解に思っているのは，なぜそれより前に似たような場面がいくらでもあるのに，デワルドが同じようなコメントをしないかである。しかしながら，デワルド自身は誤りをおかしたと考え，自らの討論の中で

(p.258) 次のように説明している，「このコメントは暗に最後の連想は突飛に思えることを意味しており，それゆえ私が**何らかの類の論理的な意味**を期待していると示唆している点で，理想的であったとは言えないが，しかし同時にそのコメントは十分一般的なものであったため，彼女が虫の登場する重要な子ども時代の隠蔽された体験(スクリーン・エクスペリエンス)を思い出し続けるのを決定的に邪魔はしていない」[p.353]。

　その過程の中で暗示された抵抗に焦点を合わせようとしないで，内容の明確化を要求しているという理由で，私はリプトンの提言には反対である。リプトンの提言は暗黙の操作である。私ならこんなふうに問うただろう，「あなたの仰ることが私にはどうしてもわからないことを理解していただけますか？　あなたが，ご自身をわからせる必要性を感じていないらしいのはどういうことなのかなと思います」。むろんこれにも示唆は含まれている，「はっきりさせていただきたい」という示唆である。しかしやはり，分析家の言動に明示的であれ暗示的であれ示唆がともなわないことはありえないのである。

　デワルド（Dewald, 1972）や他の分析家は，自由連想は明らかに非論理的であるべきだとはっきり言っているわけではない。デワルドはただそういう見解を示唆しているだけである。彼は書いている，「自由連想という方法は**……素材がみるからに無構造かつランダムに流れる**という結果を生む。要するに，**進行中の自由連想のパターンにあらわれる精神機能の形態と内容とは，**一次過程の思考様式へとだんだん**退行する**傾向があり，それゆえ「自我による自我のための退行」の過程をますます育てるのに役立つ（p.612）」。もし退行が本当に「自我による自我のための」ものなら，連想は一般的に「明らかに無構造でランダム」にはなりえないであろう。自我の抵抗のはたらきにより「無構造でランダム」という帰結が生じているのでない限り。

　デワルドが意図せずに，まったく最初からこのように話してよいと患者に思わせることができたことが，最初の面接での最初のやりとり，すなわち分析の始まりについての報告からうかがえると言ってよい。患者は，もし自分が妊娠したらどうすべきだろうと尋ねた。デワルドは，質問自体よりも質問

に意味があるかどうかを知るためには、質問の背後に何があるかを理解することが不可欠であると答えた。だが質問そのものの意味が顕在的なレベルで曖昧であるのに、分析家は質問の顕在的な意味を明らかにしようとしていない（p.21）。

　自由連想は一次過程様のものであるべきと考える分析家は、かくして患者に、基本原則とはわかるように話してはいけないということだと——おそらくフロイトが見るからに的外れで些細で無意味で当惑させるものと描写したような考え**のみ**が表現されるべきだとさえ——理解させてしまうことになると言ってよいのである。一見したところ、このように言うのは滑稽に見えるかもしれないが、この誤解が実際に、適切で重要で意味があって、当惑させるようなものでない考えは禁止されるべきだという結論につながっている。一例として、レーヴェンシュタイン（Loewenstein, 1971）が話していた逸話だが、ある患者が「今まで自由連想していましたが、本当に自分の心にあることをお話しする方がいいと思うのです」と言ったというのだ（p.100）。

## 一者的か二者的かその両方か？

　自由連想は一次過程様の素材を産み出すものだとする理想は、分析を対話であるよりも独り言にすることであろう。しかしフロイト（Freud, 1926）は、分析状況は**会話**であると明記していた。

　もちろんデワルドの患者だって、たいていは理解可能なように話していたのだ。デワルドは、論理的な連続性の裂け目こそ自由連想の本質だという間違った思い込みをしていた。ある意味で彼は正しい、というのは、それこそが自由連想と通常の会話との違いだからだが、**その裂け目は筋の通った思考の流れの中において初めて重要となる**のである。

　ここでふたたび肝心なことは、分析状況が一者的な状況か二者的な状況かその両方かということである。分析家が、自身が分析状況に必然的にかかわっていることを否定しようとする試みは、私がここで描写してきたような考え——すなわち理想的な自由連想は、抵抗として現れるような防衛が何らうかがえず、何ら解釈の必要もないような一次過程の産物であるという考

え——に帰着する。このような考えにおいては，分析状況は本当に独白すなわち一者心理学となる。これが私の想像の絵空事でないということは，かつて著名な分析家が言った，ひどく進歩的だがばかげた示唆に見られる。それは，理想的な分析とは数百時間，分析家が一言も発しないものであろうというのだ。もちろん，おそらく誰もそんなふるまいはしないだろうが。臨床における常識は不合理な理論に勝る。しかし，分析家が何も言わないのに近いような，さまざまな度合いの臨床が存在する。沈黙する分析家は神話ではないのである。

　私は，何も話さないことで基本原則に応えたあるビジネスマンの被分析者の話を思い出す。この沈黙は，両者とも何も言わずに数週間続いた。とうとうビジネスマンは沈黙を破った，「あなただって相方が要るでしょう！」。ジョークは説明しない方がよいのだが，私としては，楽して儲かるビジネスに参入したいという分析家の顕在的な願いに加えて，その言葉に潜在する二者的な意味を明らかにしたいと思う。分析とは二者的な状況なのである。

## 抵抗を扱うこと

　分析家が探究が必要であると明らかに感じているものを患者が扱いそびれているような時，分析家はどうするべきであろうか。もちろん，自由連想に失敗していると患者を責めるべきではない。分析状況は一者的だという見解を持つ分析家なら，何かことが起こった場合，たとえば予期せぬキャンセルや双方の休暇の提案といった，それについて患者が重要な感情を持っているに違いないのに患者はその感情を無視しているらしいと分析家が確信するようなことが起こった場合，患者が自由連想に失敗していると不平を言いそうである。分析家が不満を示したり，もう少しささやかに失望を表明するにしても，分析家がなぜそうするのかをどうして患者に理解できるだろうか？もし患者が実際に心に浮かんだことを話してきたのだとしたら，患者は二つの結論のうちどちらかに達することになる。一つは，分析家は見るからにある特定の題材に特殊な注意を注ぎたがっているから，本当は基本原則を真剣にはとらえていないのだというもので，もう一つは分析家は患者が連想を抑

圧していると考えているというものである。
　また別の珍しくない状況として，分析家が患者の自由連想をつまらない的外れなものであると思い込んでいるという場合がある。逆説的に言えば，患者が自由連想していない状態だと不平を述べる分析家は，患者の言っていることが的外れでつまらないように思える**からこそ**そう言っているのである。
　患者に力を及ぼしていると分析家が疑っていることについて患者が話しそびれているのに直面した時，あるいは患者が些細で的外れに見える連想をしている時，分析家はどうするべきであろうか？　私の経験では，分析家は，連想は防衛されているものの，何がしかの手がかりを必ず含んでいる妥協形成であるという確信にもとづいて進めていく傾向がある。したがって分析家は，顕在的な連想が**分析家が抵抗のある題材だと推測するもの**とどのように暗に関連しているかについて，もっともらしい示唆を提供するだろう。もちろん，分析家は患者が何かを省略するセンスがなかったということや，あるいは自分の言っていることが些細で的外れとはとんでもないと患者がみなしてさえいることを発見するかもしれない。私には，分析家がすべきことは明白に思える。それは，連想についての患者の評価を尋ね，それから分析家自身の評価を明らかにし，そして両者の評価が一致するか喰い違うかを検証することである。
　もし，患者の連想に対する分析家の不満が正当化されることがあるとすれば，それは，患者が意識的に連想を抑圧しているという証拠がはっきりした場合だけである。患者が意識的に心にあるものを話し続けている限り，従うようにと言われた唯一の指示は「心にあるすべてのこと」を話すということなのだから，患者は「適切に」連想できなかったという罪があることにはなりえない。患者が基本原則に従うことを拒否した場合さえ，患者の言ったことは自由連想として操作的に解釈されうるし，潜在的な意味の解釈を受ける。しかし究極的には拒否の理由に焦点が当てられるべきである。

## 分析過程は進行的である

　患者は最初から自由連想すると私が主張したら，分析が進んでも患者の連

想には変化がないと私が信じていることになるかって？　まったくそんなことはない。形式にも内容にも変化はある。もし分析が満足できるように進行していたら，内容は多分，より偽装されない転移の題材を含むようになる。それはよりあからさまに身体的な相互作用に関係してくるかもしれない，性的かつ攻撃的に。しかしだからといって，連想がより退行的になってきたと言おうというわけではない。私はただ，患者はもっとまるごと自分をあらわすことができるようになると言いたいだけである。抵抗はなくなるのではなく，新しい題材と関係してくるようになるのである（Freud, 1912b, p.103）。

しかしながら連想の形態は，拡張した，本質的に首尾一貫したコミュニケーションの形をとり続ける。成功している分析では，患者が熟練してくるので，連想の形態が実際に，以前に比べてより首尾一貫して統合的となるのである。以前は顕在的な説明が論理的に破綻していることにより示されていたものが，今や顕在的な意味の統合的で首尾一貫した部分となる。この観点から見ると，分析過程は進行的であって退行的ではない（Arlow, 1975；Gill, 1984）のである。

## 自由連想と転移

顕在的な内容が何であれ，転移が患者の連想の支配的な決定因子であることは，フロイト（Freud, 1925）によっても明確に述べられている，「しかしわれわれは，自由連想は本当には自由ではないことを心に留めておかねばならない。患者は，精神活動を特定の題材に向けていない時でさえ，依然として分析状況の影響下にある。われわれは，**分析状況に関係ないようなことは何も患者に起こらないと仮定してもよいであろう**（pp.40-41）」。私は他のところで書いたことがあるが（Gill, 1979, 1982），フロイトは「分析状況」について，この言葉を用いて「いま－ここ」の分析家－被分析者の関係を意味していた。転移分析の目的は究極的には発生的再構成を行うことだと考えるとしても，いま－ここの状況に関して表現された派生物の積み重ねに対する，詳細で骨の折れる分析の後に初めてその目標に到達できるのである。

現代の分析家の多くが，顕在的には転移についてではない内容の中に手が

かりを見つけ，その派生物を解釈するよりも，転移が偽装されずに，たとえ退行的な形であっても表出されるのを待っている。これは特に分析の初期に顕著だが（Gill and Muslin, 1976），ずっと続くことでもある。転移が自発的にかつ偽装されずに退行的になるように待っている分析家は，そのような展開が生じないと，患者が適切に自由連想できていないととりがちである。実際，真の自由連想では一次過程産物への接近が生じるという定義には，このような分析家の不満足が隠れていることがしばしばあるのではないかと私は思っている。

　もちろん基本原則についての分析家の説明の仕方が，重要な転移があらわれる焦点となることがしばしばある。分析家は権威主義的な要求をしているように見られるかもしれない。その要求は，精神・性的なレベルの何か，あるいはその派生物として概念化されるかもしれない。患者は基本原則を，そのために自分の（転移）感情が生じることを正当化するためにわざわざしつらえられた外的な現実として把握する。分析家は基本原則を緩めることも厳密に固執することもせずに，患者の感情を解釈によって扱うべきである。

　私が他のところで提案してきたことだが（Gill, 1982），転移は患者からの自発的な産物というよりも分析状況の中での両者の共同産物なのである。まったく同様に修正された定義が，患者の連想にも適用されるべきだと私は思う。フロイト（Freud, 1925）は次のように基本原則に訴える利点を要約した。

　　それは患者に可能な限り最小の強制［何がしかの強制は避けられないという含意を心に留めてほしい］しか課さず，現在の実際の状況［フロイトが指しているのは分析状況なのか，現在の生活状況なのか，その両方なのか？］とかけはなれたことに触れることは決して許可せず，神経症を構成する要素は何ひとつ見逃されることはないと最大限に保障し，分析家の期待によるものは何ひとつ［ここで強制は不可避であるという自らの主張をくつがえしている］導入されないということである［p.41］。

　「分析家の期待によるものは何一つ導入されない」という主張には見直しが必要である。まさに分析状況の存在が分析家を患者の連想の共同参加者に

している。

　分析家が，その言動のすべてによって患者の連想の流れに影響することは避け難い。ただし，自由連想は文字通りに自由なのではないというフロイトの言葉は，これと同じことを言っているのではない。というのは，フロイトは患者には決定的なテーマがあるという意味で言っており，一方私は被分析者と分析家が組み合わさった影響について言っている。分析の会話における患者の連想は，自由な連想と指示された連想の間を行き来する。ここでいう「自由な」連想は通常，分析家の直接の寄与がたやすくは明らかにはなりにくいものを指し，「指示された」連想は通常，分析家の寄与がよりたやすく明らかになるものを指している。ここで言う分析家の寄与とははっきりそれとわかるもののことである。

　介入の一つひとつによって，分析家はますますはっきりと連想の流れに影響を与える。介入は，患者がその介入に反応するだろうという期待を持って，連想の中の何かへ向けられた患者の注意に焦点づけられる。「自由」連想の中断はすべて，患者が「自発的に」ならどんなふうに進んでいっただろうかを分析家が知る機会を失うことを意味する。しかし介入は，患者の連想の潜在的な意味についての分析家の仮説を患者に伝えるために必須である。したがって，分析家のすべての介入は，潜在的な意味のおそらく正しい理解から得られる利益が，潜在的な意味をもっと明らかにするかもしれなかった「自由」連想の流れを中断させる不利益を上回るという決断を示している。

　患者が介入に応答した後に分析家が何をするかは，その応答の性質による。分析家は介入により何らかの利益が得られたと結論するかもしれない，そして傾聴を再開する。患者は介入されたことに焦点をあて続けるかもしれないが，分析家が傾聴を続けるなら遅かれ早かれ分析家の顕在的な指示からはなれる。少なくとも患者が顕在的に産み出すものに関してではあるが。

　分析の会話は，したがって，通常はその中での分析家の影響があまり明らかではないような自由連想の連続体であり，通常その中での分析家の影響がより明らかになるような介入に反応した，指示による連想によって中断され，そして再開される。分析家は解釈をするたびに，ますます患者に自分の考えをおしつける危険をおかす。ある解釈の後に続く連想をきく際に分析家が第

一に関心を持つべきことは，連想を評価すること，すなわち分析家の解釈の内容が患者の関心によって肯定されたのかされなかったのか，あるいは的外れでさえあったのかを知ることである。分析家は解釈の対人的な衝撃にも同様に注意をはらわなければならない。介入に対する患者の反応に対する綿密な注意こそが，分析状況を誰がどれだけ話すかにかかわらず，連綿と続く交互の独白にするのではなく，真の会話ないしは対話にするのである。

　会話としての分析過程について，私はそれが通常の会話のように，二人の参加者の役割が対称的だと言っているのではない。むしろ，フロイト (Freud, 1926) の言うように，「分析家は……患者と距離を保ち，人間的に話しつつ，ある程度の控え目さを身につけている……（p.225）」。すでに述べたように，リプトン (Lipton, 1977) はこう指摘している。もし分析家が沈黙しているなら，それはただ傾聴しているという理由からであるべきで，技法として沈黙を用いているのであってはならないと。後者は，患者に独白を続けるように要請することである。もちろん，分析家の沈黙は患者にとってたくさんの意味を持ちうる。願わくば「どうぞ続けてください，聴いていますよ」という意味であってほしい。これは極めて一般的な意味での一つの示唆である。なぜならそれは，分析家は患者に心の中にあるものを話すように望んでいることを暗に示しているのだから。ここで私が示唆の概念を不当に拡張していると思われるかもしれないが，私はそうは思わない。私は，二人の人間の間での沈黙を含むすべての行動が，内容と示唆の両方の側面を持つと主張しているのだ。

　つまり私は，フロイトが行っていたようなより自由な類の相互作用を提唱している。フロイトは，そうしつつ同時に患者が明らかにするのを嫌がるような，そういう自由な相互作用のいかなる影響をも可能な限り解釈するべきであることを主張していた。「可能な限り」というのは，分析家ができる限りそれに注意を払い，できる限り患者が解釈に耳を傾け，それを有益に利用できるように考慮するという意味である。

## 自由連想は必要か？

　そうすると，自由連想ははたして不可欠な技法なのかと問われるかもしれない。これは，患者は「基本原則」を与えられるべきかという問いとまったく同じ問いではないことは明らかである。答えは，自由連想を用いる基盤となる論理が妥当なのかどうかということにある。この論理は，分析は潜在的な意味を解釈するアートであり，その意味は分析家－被分析者の相互作用と同時的に絡み合っている願望と防衛の妥協形成と捉えられる，ということを仮定している。これらの妥協形成および分析家－被分析者の相互作用への照合が——それによりその論理は存続するのだが——患者が基本原則に従う限り連想の流れを作り上げていくのである。隠れた意味の手がかりは，特に患者がつまらない，的外れ，無意味，恥ずかしいとみなしている連想の中にあるであろう。

　患者がこれらの手がかりを与えない場合，その手がかりなしに隠れた意味を見抜くことは可能かもしれないが，おそらくそれはより難しいものとなろう。分析のアートはこれら隠れた意味を，たとえ推理されたものであれ解釈することなのだから，分析の目標はそれらの隠れた意味を明るみに出すことでなければならない。目的が隠れた意味を明るみに出すことである限り，基本原則の目的に従って操作を行っていることになる。この原則について明確には話していないからといって，そうしていないようなふりをしてこの目的を追求することは，患者に何も言わなければ影響を与えることが避けられると考えている人たちが信じているように許容的なのではなく，狡猾な権威主義だと私には思える (Parker, 1965)。

　私は，基本原則を奉ずる利点の一つは「分析家の期待によっては何ひとつ連想に導入されない (p.41)」ことだというフロイトの主張に立ち戻ろうと思う。修正する必要があるのはこの主張である。分析状況の存在そのものが，分析家を患者の連想の共同参加者にしているからである。

　私は，多くの現代の技法とフロイトの実際の技法（フロイトが技法について書いたものではない）の違いは，不可避的に自由連想の新しい展望につな

がると考えている。いくぶん大げさな言葉でこの問題を述べているかもしれないが，フロイトの見解からの変化が生じたために，分析家が患者に不可能かつ望ましくない仕事を達成することを待ち望むことになって，患者に負担を負わせていると私は思う。分析家は決して満足することがなく，患者は決して満足すべき成功をおさめることがない。患者はうまくやれる度合いに応じて分析家から離れて，自分だけの自閉的な夢想に引きこもる。この引きこもりは，会話に引きこめなかったことにも転移を解釈できなかったことにも原因があり，あるいはアペルバウム（Apfelbaum, 1966）の言うように，自我分析ができなかったことにも原因がある。この事態は，フロイトが患者と確立しようと求めた関係と著しく異なっている。フロイトが求めたのは，患者の産み出すものが，主に転移についての，しかしまた患者が過去によってどのように形作られてきたのかについての，解釈の手がかりを提供するような，首尾一貫した拡張された会話である。

## 自由連想と外的な基準

　私がはっきりさせたかったのは，基本原則をまず明示して分析を始めたくはないということである。たとえ命令調に聞こえないような言い方で言うにしてもである。
　エプスタイン（Epstein, 1976）は，原則という言葉に「語義的な混乱」があるので，「原則（ルール）」よりも「望ましい状態」という言葉がよいと提案した。このような考えは，当面の一番の問題を考慮していない——それは単に分析家が何を言ったかではなく，分析家の言ったことを患者がどう**体験**しているかという問題である。私は，だからと言って，分析家がどう言っても何の違いも生じないと言っているわけではない。分析家が望ましい状態と言うのではなく原則だと言った場合，原則と言われた方が，患者がそれを要求として体験する度合がすこし大きいであろう。しかし私が別のところで述べたように（Gill, 1992），統計的にはそう言えるだろうが，問題はその特定の患者である。ある患者は分析家が「望ましい状態」と言ったことを厳格な原則として体験するかもしれないし，一方で別の患者は自由に話すように奨

励されていると体験するかもしれない。

　要は，患者がなるべく自由に話せるようにすることである。この目標への道は，治療の進行につれて作りだされるにちがいない。だから，治療の中の特定の問題の中で明らかになるのである。自由連想は強要されてはできない。予防的な操作によって抵抗を防ぐことは不可能である。だから私は，まず最初は，「あなたの心の中にあるものを聞きたいのです」ということ以外は何も言わないことにしている。「どうやらあなたはその問題をとても話しにくいと感じているようですが，どうして話しにくいのかを調べれば（「どうにかしようとする」のではなく）役に立つと思いますよ」と言うだけの時間もあるだろう。フレッド・ロビンス（Fred Robbins, 私信）が，自由に話すことの重要性を習ってきたある患者のことを話していた。その患者は，沈黙した時に何を考えているのかを尋ねられてこう答えた，「自分の心の中に浮かんでいないことを何かあなたに話そうと考えようとしていたのよ！」。この言葉は，今まで自由連想していたが自分の心に浮かんでいることを話した方がよいと決めた，と話したレーヴェンシュタインの患者の言葉とそっくりである。患者は，明らかに自分の考えていることと別の何か，何か変わっていて個人的でないものが求められているという印象を持っていたようである。

　だが，些細で無意味で見るからに的外れが何だというのだ？　そうせよと指示していないのに，患者がそれらの考えを取り除かないように期待できるものであろうか？　それらの考えは防衛されているものの手がかりとして必要なのではないか？　それは分析家が抵抗を解釈する助けにはならないのだろうか？

　その答えは，その人が分析過程を全体としてどう見ているかの中にありそうである。もしその過程を本質的に精神内界の探究とみなしていれば，それらの手がかりは必要とみなされるであろう。さらに，精神内界の防衛につながるそれらの手がかりを探すことは，解釈すること，少なくとも深いところまで患者を理解することの重視である。それとは対極的に，私の持っているような見方，すなわち引き起こされる事柄はすべておのずと転移につながり，その方がより感情をともなって異物感なく受け取られやすいような解釈が可能となるという見方では，患者に強制されていると感じさせてしまう危険を

ともなう特殊な指示など必要ないのである。

　すでに触れたことであり，また私はそれに反対しているのだが，些細で無意味で一見したところ的外れなものを追求することは，意識の変容状態を促進することになる。そこで私は，読者がお察しのとおり，次のように結論する。私は自由に連想せよという指示を与えるのには反対であるが，どのような指示であれ，そうするかしないかについて重要なのは，患者にとってそれが何を意味するかだと考えている。何を言うか言わないかにかかわらず，分析作業は患者が可能な限り自由に話せるように行われるべきである。自由連想についての私の議論は，もちろん，正統精神分析と同様，私が精神分析的治療と呼んでいるものにも当てはまる。最近の臨床では，通常，自由連想の指示は，精神療法では行われないが，精神分析では決まって行われている。

　ジョセフ・リヒテンバーグとフロイド・ギャラー（Joseph Lichtenberg and Floyd Galler, 1987）による自由連想の研究で，どのように基本原則を用いているかという質問に答えた49人の分析家のうち，「重要なのは原則が示される用語ではなく，それがどう体験されるかである」と答えたのが二人だけだった（pp.67-68）のは特筆すべきことである。現実の素材と心的現実の違いを明確にしている分析家があまりに少ないのにはがっかりさせられる。

　対人関係論者たち，とくにエドガー・レヴェンソン（Edgar Levenson, 1991）は，自由連想についてではなく「広義の脱構築的な探究」について述べている。彼らは本質的に同じことを意味していると思う。両方の表現とも，彼らの用い方では，一者的な見方を暗に示してはいるが。対人関係論者は，ハリー・スタック・サリヴァン（Harry Stack Sullivan, 1953）からインスピレーションを得ている。エヴリン・シュワーバー（Evelyne Schwaber, 1992）は患者の心的な内容を探求することに第一に集中するように強調しているが，それはシュワーバーが自分は一者的な概念を持っていると表明していることなのである。

# 第 7 章

# 分析家は何を言い，何を行うか

## 精神療法的状況において変化をもたらすものは何か

近年，精神療法的状況において何が変化をもたらすかについての議論に明らかな転換が起きている。初期の見解では，変化は洞察によってのみ導かれるもので，関係によって導かれる変化は不安定なものとされ，「転移性治癒」として軽蔑的に扱われていた。しかし現在では，関係こそが変化をもたらす上で重要な役割を演じると広く受け入れられている。かなり長い間，**情緒的な洞察**こそが効果的であると認識されてきたが，何が洞察を情緒的なものにするかは明らかでなかった。このことは，転移は単に冷静に知的に経験されるのではなく，真の感情をともなって経験されることを意味しているように思われる。しかしそれが相互作用であるという認識には未だ至っていない。被分析者が過去から現在へと置き換えているものは，それによって現在が歪められているとはいえ，彼らにとってはかなりの程度に現実と信じられている。たとえ彼らが，自分が現実だと思っていたことが実際には歪められたものであることに気づくことが多いとしてもである。従来ブランク・スクリーンと評されてきたように，分析家の役割は冷静で現実的であること，つまり中立的であり続けることであった。

相互作用は至るところに存在するという認識によって，これはどのように変化してきたであろうか。まず最初に，分析家が実は応答していることが認識されたが，その応答は精神内界に作用するだけで，被分析者との間の相互作用としてあらわれる必要はないと信じられていた（Heimann, 1950）。ここで重要なことは，分析家が自分の応答に関して自覚することが，患者が分析

家とともに演じようとしていることへの極めて重要な手がかりとなる，ということである。よくある定式化は，転移は最初は分析の支障となるがじきに分析に欠くことのできない要素となる，というものである（聖書には「家を建てる者が捨てた石が礎石となった」とある）。そしてかつては分析の障害となると考えられていた逆転移も，現在では，分析に欠くことのできない要素とみなされている。もちろん，分析家が自分の感情を被分析者から必然的に「投げ込まれた」ものとみなすことで，自分自身のパーソナリティの影響を見落とす危険が大いにある。この見解は，要するに分析家の役割についてのブランク・スクリーンの概念の一つの変形なのである。

　一者心理学の視点は，メラニー・クライン（Melanie Klein, 1975）によって導入された「投影同一視」の概念により急速に変化した。この概念はクライン派の分析家にとっての頼みの綱であり，他の学派の分析家にもしだいに大きな影響を及ぼすようになったが，さまざまに定義され，多くの人たちによって混乱を招くものと見られている。おそらく最も一般的に賛同を得られるのは，投影同一視を相互作用的概念とする見解であろう。投影が単に自分に属するものを別の他者に生じたものとみなすという考えであるのに対し，投影同一視は受け手となった他者への影響をも扱っている。受け手が投影を受けるだけでそれによって影響を受けないと考えられるならば，それは先述のブランク・スクリーンの概念の一変形ということになる。

　しかし多くの著者が，投影がそれをする側とされる側の両方にどのように影響するかを論じている。タンゼイとバークの著書（Tansey and Burke, 1989）は，特に治療過程の視点からさまざまな可能性を注意深く分析した一例である。単なる投影において，投影を起こさせるよう作用する原動力は，投影者が自身をかき乱す何かを除去し，それを自分のものではないとすることだと考えられる。一方，投影同一視における投影者の目的の一つは，被投影者に投影者が否認したいものを感じさせることである。

　もう一つ論じられている相互作用的な動機は，投影者が被投影者に対して自分よりもより成熟した方法で投影されたものを処理することを望むということである。換言すれば，投影者は被投影者の中に良い手本を見つけたいと願っているのである。その動機は明らかに治療過程と関係している。いずれ

にしても投影者は相手の反応を同一視するかもしれない。ここに投影同一視の概念における同一視の一つの側面がある。よく見られるのは，投影者が何らかの理由で誤って非難されていると感じ，これを相手に投影することで，相手がこの不当な非難をどう扱うかから助けを得るのである。このような動機もまた，明らかに治療過程と関係している。

　ブランク・スクリーンという考えに**従来から**実際どういう批判があったかを詳述することは，変化を生じさせるものとして通常より大きな役割を関係に与えることになるのだが，分析家がより成熟した手本を示し，患者の成長を信じることによってガイドになるという提案をすることになる。これはハンス・ローワルド（Hans Loewald, 1960）によって提唱され，あまねく歓迎された指摘であった。ローワルドの名声については興味深い指摘がある。彼は一般に古典的な分析家とみなされていたが，分析家をモデルとして提供するという考えは古典的な分析家が避けている「転移性治癒」の一つともみなせると考える者もいた。それでは何故その論文があまねく歓迎されたのだろうか？　それは，分析家が実際に何をしているかを明らかにしようとし，かつ分析状況における二者関係の本質をあえて探究したからだと思う。しかし同時にこの概念は，分析家は卓越した存在であるという考えに危険なまでに方向転換した。もし分析家が成熟したふるまいをするとすれば，それはシェーファーが指摘したように，通常分析家は被分析者よりもはるかに精神的重圧を受けないからである。しかし自分の参与に常に注意を払っている分析家は，患者より大きいとまでは言わないまでも，同等のストレスを受けているだろう。

　古典的と言われる分析家が，精神療法状況における二者心理学の視点に後に取り組むようになった一例が，分析家の「役割応答性」というサンドラー（Sandler, 1976）の考察である。これは，被分析者が自身の神経症的関係様式で分析家を束縛する圧力を発揮し，分析家は否応なしにこれに応じる，というものである。これは逆転移の概念とどのように異なるのであろうか？　これは治療過程に不可避な状況とみなされ，十分に分析を受けた分析家には避けることができないといった類の時折発生する汚染ではない，という点で逆転移とは異なる。サンドラーはまた，この概念を治療過程に役立つ現象と

して提出した。それによって患者の神経症的様式がよりあらわとなるので、再検討や変更ができるようになるという理由からである。この概念は、分析家の感情は患者によって引き起こされるが、分析家の被分析者に対するふるまいがこれによって影響されてはならないという初期の考えを超えるように思える。真の相互作用的な考えとは、両者が相互作用に寄与するというものであって、一方だけが他方に反応するというものではないのである。

　論点は逆転移の二つの定義の相違に関係している。狭義には、分析家は被分析者の転移にのみ反応する。広義には、分析家が被分析者の転移に反応するだけでなく、分析家自身のパーソナリティから生じる何か、つまり彼に特有の何ものかが付け加わる。

　精神療法過程において何が変化をもたらすかに話題を戻そう。今ではすっかりお馴染みとなった主張であるが、変化をもたらすものは洞察だけではなく対人関係の経験なのである。この二つがどう関係するかが、情緒的な洞察の概念を肉付けする。それは分析家と被分析者の間における対人関係的な経験への洞察なのである。このような対人関係的な経験が得られる時には、分析家の貢献は概して患者の神経症的な予想よりもより「成熟した」ものであるが、しかし被分析者の予想から受け入れられないほどかけ離れたものでもないのである。

　ホフマン（Hoffman, 1992b）は前述のことを、斬新に思えるが中味は古く、そして古く思えるが中味は斬新なものだと述べている。つまり新たな経験は、過去のまったくの裏返しではなく、また型にはまった繰り返しでもないのである。ホフマンによれば、分析家と被分析者が通常同じ文化的背景を共有しているという紛れもない事実からはびっくりするような裏返しは生じそうもなく、また完全な裏返しが同化されることもないのである。段階的でゆっくりとした変化が通常起こりうる経過のようである。これが「ワーキング・スルー」の秘訣の一つなのかもしれない。

　分析家が変化をもたらすような相互作用の中で機能するには、精神的健康の模範となる必要があるのかと問う者があるかもしれない。そうではないが、しかし分析家は少なくとも、被分析者が自身について洞察的である以上に自分自身について洞察的であるべきだろう。分析家の洞察には、自分自身がそ

の相互作用に寄与しているという確信と，一般的な神経症的相互作用のパターンや，トレーニングで学習した自身の特異性を熟知していることが含まれる。こういった洞察によって，治療が進展した段階での相互作用の明確化がより客観的なものとなる。

　シェーファー（Schafer, 1983）が指摘したことだが，分析家は分析の仕事において，他の関係における自身よりもずっと成熟しているだろう。分析家は被分析者に対して必ずしも神経症的な反応を露呈しはしないが，しかし意識せずに自身の反応をふるまいの中で表現してしまうだろう。治療過程で働くのは分析家の「作業自我」（Olinick, 1980）であり，普段の「社会自我」ではない。社会的な関係の中ではひどく神経症的な分析家が，それにもかかわらず良い治療をし得る理由がここにある。もちろん分析家が神経症的であればあるほど，効果的な仕事を行える患者の幅は狭くなる。たとえ分析家が神経症的でなくても，どんな人にも分析を行うことができるわけではない。ある分析家が，けっして誰も撃ったことはないがライフルを構えて窓から道行く子どもを狙うのを楽しんでいるという患者の話を私にしたことがある。この分析家はこの患者の治療はできなかった。うそつきに耐えられない分析家もいれば，涙を流す女性に我慢ができない分析家もいる。またマッチョな男性に反感を持つ分析家もいる。言うまでもなく分析家は，そういった相手に対して自分は分析ができないと伝える責任があるが，しかし自分の専門家として能力に限界があることを認めるのはしばしば極めて困難である。

　新たな経験が精神療法過程において変化をもたらす要因の一つであるという認識によって，洞察の役割を過大視したり逆に価値下げしたりということが起こりうる。さらに新たな経験は，しばしば通常の精神療法で行われるように不問に付されるのではなく，洞察の文脈で明らかにされるのである。被分析者に数年後に何が助けになったかを尋ねると，思い出すことは著しく少ないのだが，それでも洞察的な定式化よりも特定の相互作用を思い出すことが多い。ホフマン（Hoffman, 1992b）は，最も助けになったのは治療者が自分の見解とはまったく異なる政治的な意見を口にした時だった，と患者が終結期に言ったことを驚きを持って述べている。彼はそうすることを躊躇したが，それは自分の価値観を患者に強要してはいけないという禁止に背くとい

う理由だけでなく，分析家の「個人的な」ことを知ろうとすることに患者が葛藤を表明していたためでもあったと言っている。これは，患者が分析家について何かを知りたいと思うことに葛藤を抱くことに対して十分な分析が行われたということと必ずしも矛盾しない。これは，治療者に関して知ることなしに自己を明らかにするのは耐え難いと患者が感じるときの通常の防衛のあらわれのように聞こえる。レオ・ストーン（Leo Stone, 1961）もまた，彼のことを鏡として，つまり人間ではなく解釈装置として見ることを望んだ患者のことを述べている。もちろんこれは自己心理学者の言う「映し返し」と類似してはいるが，異なるものである。

はっきりとは覚えていないが，私は自身が受けた分析の中で，大胆にも「きっと私の方があなたよりも分析に貢献するだろう」と言ったことがある。分析家が「そうであっても少しも驚かないよ」と返事をした時には，私はカウチから転がり落ちそうになった。残念ながら私は，このやり取りがさらに分析されることはなかったと報告せねばならない。もし分析されていたなら，それ以外の分析など必要なかったかもしれない！

洞察と経験の比率がすべての分析で同じであるというのは明らかに間違っている。感情と知性のどちらに重きを置くかは明らかに人によって異なり，したがって彼らの人生においても分析においても，そのどちらかが重要な役割を演じるのであろう。そしてもちろん，これは分析家にも被分析者にも言えることである。

グローヴァー（Glover, 1931）は「正確でない解釈の治療効果」という魅力的な論文を書いており，解釈と洞察は変化をもたらすのにそれぞれ役割を果たすのだとしている。彼は，異なる文脈での解釈が医原性のヒステリー的な防衛や強迫的な防衛（通常すでに存在している防衛を強化するような）をどのように引き起こすのかという観察に加えて，今まで知られていなかった新しい力動や，それまでの解釈の基礎をなしていた理論が無効だといった発見をすることが重要なのだという問題提起をしている。これらはいずれも起こりがちな事態なので，彼がこれらをどのように結論づけているかは興味深い。分析家が未知の機制を扱い損ねたり，誤った定式化を用いたりする限り，これら二つによってどんな有益な効果が生じても，それは精神療法であって

精神分析ではないとみなされる！　私はマッソン（Masson, 1984）のいささか乱暴な示唆を思い出した。彼は次のように述べている。フロイトは，自分の名声を守るために幼少期の性的虐待の事実を知っていたにもかかわらず否定した，そしてこの欺瞞がそれ以来分析に影響を与えているので，特定のモデルに欠陥が見つかった際には自動車が修理のためにリコールされるように，被分析者も正当な分析を受けられるようリコールされるべきである，と。ついでながらフロイトは幼少期に誘惑がなかったとはけっして言っていない。彼は，それを神経症のすべてに共通することと結論づけるのは明らかな誤りだと言っているだけである。そして後にフロイト（Freud, 1931）は，子どもに対する身体的な世話や性器の清潔を保つための行動さえも子どもにとっては誘惑と経験されうると言っている。

　私は，「誤った」定式化や治療中の未知の機制の発見をもって分析が行われていないとするグローヴァーの定式化は認めない。間違いは避けられないものであり，また発見されるべき新しい力動というものはいつも存在するのであるから，グローヴァーの定式化は完全な分析など存在しないということを暗に意味しているだけである。しかしこのことはいずれにしても，特にフロイト（Freud, 1937a）の後期の論文「終わりある分析と終わりなき分析」以降明白になっている。

　経験が変化をもたらす要因だとする，分析の思考の歴史の中での重要な一章は，「修正感情体験」というスローガンとして生じた。これからそれについて述べよう。

## 修正感情体験

　フランツ・アレキサンダー（Frantz Alexander, 1956）によって生みだされた修正感情体験という用語は，長きにわたり大多数の分析家から対人関係的な考えを精神分析に移入したものとみなされ，精神療法にこそふさわしく精神分析には適当でない技法として物笑いの種にされてきた。精神分析は，長きにわたり主張されているように，知的な洞察によってのみその効果を発揮すべきなのである。私自身も1954年の論文で同様のことを述べたが，後

にこの見解に賛成しないことを明らかにした（Gill, 1984）。私の 1954 年の論文は，しばしば後の私の論文と対比して未だに肯定的に引用されるので，ある同僚たちの目にはそれ以降の私は完全に落ち目なのである！

　ワラーシュタイン（Wallerstein, 1989）はしかし，1954 年の論文で私が修正感情体験を定義づけたと指摘し，現在の私と同様にその重要性を指摘した。私自身その点を強調しておきたい。というのは，ワラーシュタインによると，私は「患者の転移の捉え方への分析家の積極的な寄与と患者がそれに与える妥当な理解……」（pp.318-319）に関して「劇的に」見解を変えてはいるが，それにもかかわらず私は現在まで一貫してこの見解を維持しているとなっているからである。

　しかし，精神分析の思潮は大いに変化してきた。現在では，患者が分析家との間で今までにない有益な感情体験を経験することもまた変化への重要な役割を担う，と広く理解されている。二つの要因が一緒に働くのである。ジェイコブス（Jacobs, 1990）は最近次のように書いている。

　　先頃まで奇妙な仲間と見られてきたが，実のところ洞察と「修正」体験はむしろ親密なパートナーであることが判る。これらは，われわれが以前教わったように，技法的にも理論的にもお互いに相容れないバラバラのものではないのである。むしろ共同して作用する力であり，一方が他方への道を開き，それぞれが精神分析における治療行為において重要で，本質的に寄与するものなのである［p.454］。

　ではアレキサンダーの提案にこれほど議論があるのは何故か，また，何故今なお分析を諦めて精神療法をするという文脈でしか「修正感情体験」に言及することができないのか？　私は，すでに述べたように，リプトン（Lipton, 1977）が次のように示唆していることを思い出した。つまり分析家は相互作用を控えるべきだと過度に強調されていた時期があり，これはレオ・ストーン（Leo Stone, 1961）によって批判されているが，この強調はアレキサンダーが修正感情体験を提唱したことの影響を中和すべく意図されたものであった。たしかにその通りだとは思うが，しかしアレキサンダーの提唱に対する反応においてもっと重要なことは，同時に彼が融通性（フレキシビリティ）の原理と

呼ぶものを導入したことであった。この言葉で彼が言っているのは，私なら分析状況における分析家の意識的かつ熟考された操作と呼ぶであろうもの——融通性よりずっと軽蔑的な用語だが——である。そのような操作には二つの主要なタイプがあった。一つは，患者の発達過程で病因的だったと考えうるような態度とは正反対の情緒的な態度を分析家がとることである。もう一つは，分析状況の外的基準（Gill, 1984）の変更，特に被分析者が過度に分析家に依存的となった際のセッションの頻度の削減であった。注目すべきことに，患者が関係から距離を取っている場合でもアレキサンダーは頻度を増やすことを勧めはしなかった。

　アレキサンダーが分析から逸脱したという非難の中で，彼の主だった貢献は見失われた。というのも，彼は分析家をブランク・スクリーンとみなすのは誤りだと認めたからである。アレキサンダーはM.バリントとE.バリントの論文（Balint, M and Balint, E., 1939）を批判する中ではっきりとブランク・スクリーンの概念を却下した。しかしバリント夫妻もまた，それは重要な問題ではないとこれを却下しているのである。アレキサンダーは次のように書いている，「著者らは，分析家はブランク・スクリーンとしてあらわれるのではなく患者によって独自の性格特性を持った個人であると知覚されるのだ，と考えている。しかし彼らは，これを治療過程における取るに足らない混入物と考えている」。

　私はすでに，ホフマン（Hoffman, 1983）によるブランク・スクリーンの概念に対する保守的な批判と急進的な批判についての的を射た対比について述べてきた。急進的な批判では，分析状況は対人関係，もしくはホフマンが言うように社会関係であるということになり，分析家は神経症的転移に対しかなりの寄与をするものとみなされる。アレキサンダーは急進的な批判に近づいているように思われるが，しかし中間的な立場にとどまり，分析状況の社会的本質を十分に認識するには至っていない。彼は，分析家は（個人であるのではなく）個人であると知覚されると書いた。そして分析家の個人性を「不純物」と呼んだが，これは私が以前に用いた「汚染物」という用語に似ている。

　アレキサンダー（Alexander, 1956）は，分析家のブランク・ポジション

と言われるものはまったくもってブランクではないと主張した，「精神分析家の客観的な中立性は，患者に対してとられた熟慮の上の態度であって，自然に生じる反応ではないのである」(p.94)。そして彼は次のように論じている。いずれにしても，分析家はある特定の態度を**わざわざ**とるのだから，患者の以前の病因的な経験に対抗するような態度とならないはずはなかろう。彼は，通常の分析的態度が分析に慣れていない患者にとっていかに奇妙に映るかを鮮明に描き出している。

アレキサンダーの過ちは，分析状況に対する洞察を精神分析的に扱わなかったことにあった。彼は相互作用がいたるところにあることに強く印象づけられたが，その相互作用をいかに分析するかという問題に取り組むのではなく，それはうまく処理されるべきものだと主張した。アレキサンダーの過ちはフロイトにも見てとれる。すなわちフロイトは相互作用を適切に分析しなかった（Gill, 1982）だけでなく，相互作用を操作すべきだと助言したのである。後者の非難についてばかげていると感じる読者もいるであろうから，これについて詳しく説明しよう。

すでに述べたように，フロイトは抵抗とならない陽性転移という転移の一つの形を考えた。私がすでに指摘した（Gill, 1982）ように，転移という用語は，患者の抵抗とならない肯定的な態度にも当てはまる。なぜなら転移とは，過去の経験に基礎をおく対人関係の態度が現在に持ち込まれたものだからである。私はさらに，すべての転移は部分的に現在の状況によって形作られるとも論じた。こういった転移の側面は，抵抗とならない陽性転移の場合には分析者がその態度を現実的で適切なものとみなすので，転移として積極的に理解されることはなかったのである。

さらに考えると，それが現実的で適切かどうかはそれほど簡単にわかるものではない。すでに触れたように，アレキサンダーは適切な分析的態度は分析に慣れていない人に対して奇妙な印象を与えると言った。自分の背後に座り，カウチに横になって最も私的な考えをそれがどんなことでも述べるように求め，その間何も言わない。そんな相手をどうしたら信頼する気になれるだろうか。われわれは患者がそうしたがらないことを防衛的と言うけれども，非分析的な視点からは，そのような状況に信頼して同意することは軽率なこ

とではないのか？

　もちろんフロイト（Freud, 1963）は，抵抗とならない陽性転移は患者にとって人生早期の本当に信頼しうる人物との経験にもとづいており，患者はその人物によって親切にされることに慣れているのだと言っている。そしてもちろんわれわれは，患者が私たちのことを本当に信頼に値すると経験するまでは自由に話すとは考えていないことは確かである。これはめったに言われないことだが，もし患者が本当に自由連想ができるようになったら，その分析は終結ではないだろうか？

　修正感情体験に話題を戻すが，私は，フロイトはこの抵抗とならない陽性転移を分析するというよりも利用したのだと思う。彼がそれを維持することを分析過程に絶対的に不可欠なものとみなしたとすれば，どうしてそれを分析することができただろうか？　彼は次のように書いている，「彼（患者）の苦難の尺度を変えるものは知的な洞察ではなく——知的な洞察にはこのような変化をもたらすだけの強さも自由もない——ただもっぱら彼と医師との関係なのである。このような転移が存在しなかったり，これが陰性のものであったなら，患者は決して医師とその主張に耳を傾けることはないだろう」（Freud, 1916-1917, p.445）。ところで，主張を述べるような分析家はまず中立的な分析家ではないのである！

　私は自分の転移分析に関する著書（Gill, 1982）の中で，分析家はフロイト（Freud, 1920, p.18）が名付けた分析技法の第二段階において抑圧に打ち勝つために陽性転移を利用するけれども，第三段階ではそうした助けは当てにしないというカンツァー（Kanzer）の見解に反論した。カンツァーの見解とは異なり，フロイトは陽性転移を分析せずにそれに頼り続けたのである（Gill, 1982, p.155）。私は現在，初期のこの主張をより確かなものにする証拠をさらに添えることができる。

　フロイトが列挙した三つの段階の，第一段階は主として解釈である。第二段階は「患者の抵抗に主眼をおくこと……そして人間的影響力によって——「転移」が生じている時に暗示が有効となるところで——抵抗を断念させるよう誘導することである」（p.18）。第三段階で分析家は，「彼[患者]に忘れ去られた人生のいくつかの部分を再体験させなければならないが，一方では

患者がそれに対して距離を保てるよう取り計らわなければならない。それによって患者は，現実に見えているものが実のところ忘れられた過去の反映に過ぎないと認識できるようになるのである」(p.19)。

　フロイト (Freud, 1914a, p.154) はすでにこの再体験を，カンツァー (Kanzer, 1966, p.522) が強調したように，個々の転移とは区別して転移神経症と呼んでいた。この区別はフロイトにとって重要なものではなかったようである。彼はそれ以降「転移神経症」という用語をこの意味で使用することは滅多になかったし，「転移，短く呼ぶと」という一節においても，彼が「転移」と言っていてもそれは「転移神経症」を意味していたと考えられるからである。

　カンツァーは，第二段階の「人間的影響力」つまり暗示が，転移の実演が必然的に生ずるものだという認識によって取って代わられたことをほのめかしている。カンツァーはフロイト (Freud, 1914a, p.153) からヒントを得て，この実演のことを「転移の運動領域」と呼んだ。カンツァー (Kanzer, 1980) は「フロイトのネズミ男における『人間的影響力』」というタイトルの論文で再びこの主題に戻っている。彼は説得力を持って，そして詳細に，ネズミ男の分析において「第三段階にあるように真に重要な領域がもっと直接に焦点づけられたなら，解釈を受け入れられるものとするために『人間的影響力』という特別な要素を発動させる必要性は減少したかもしれない」(p.234) ことを示している。

　私は，フロイトは分析状況における「人間的影響力」の問題に対して徹底的な分析をしようとしなかったと考えているので，カンツァーには賛成しかねる。さらなる根拠は「快感原則の彼岸」(Freud, 1920) の中に含まれている。フロイトは「反復強迫は治療が半分過ぎた後に抑圧がゆるめられて初めて表現される」という自身の言葉に脚注をつけている。1923年に追加された脚注でフロイトは，「私は別の場所 [1923c] で，このような反復強迫の助けになるものは治療における『暗示』の要素であると論じた——それは患者の医師に対する従順さであり，これらは無意識的な親へのコンプレックスに深く根ざしている」(p.20) としている。「夢解釈の理論と実践に関する見解」という彼の論文を参照しよう。

分析において，抑圧されたものが夢を通して他のどんな方法によるよりもたくさん明るみに出されることは疑いない……そこには原動力となる力が存在するはずである……それは睡眠状態の方が他のどんな時よりも分析の目的に役立つ。ここで問題になるのは，患者の親コンプレックスから引き出された分析者への従順さ――換言すればわれわれが転移と呼ぶものの肯定的な一部，に他ならない。そして実際に忘れられたり抑圧されていたものを思い出させる夢の中では，夢の構成の原動力となりうるような他の無意識的願望を発見するのは不可能である。だから分析に利用しうる夢の大半が協力的な夢であり暗示によるものであると主張したい人がいたとしても，分析理論の視点から反論されることはないだろう。[Freud, 1923, p.117]。

　前に述べたように，フロイトは明らかに，分析的な発見が暗示によるものだと非難されはしないかと心配していた。同じ論文から引用するが，彼はこうも書いている。

　　　夢に割り当てられた価値への疑問は，治療者による「暗示」の影響に対する感受性への疑問と密接に関係している。分析家はまずこの可能性への言及によって不安にさせられるかもしれない。しかし，よくよく考えればこの不安は，患者の意識された考えを導くことが分析家の不手際でも恥でもないとすれば，夢に影響を及ぼすことも同様に不手際でも恥でもないという認識につながるであろう [pp.113-114]。


　フロイトは『精神分析入門』の中で次のように自分の見解を述べて(p.117) 分析家を安心させた，「私が転移と暗示の関係を論じ，暗示の働きを認識しても，われわれの結論の信頼性がほとんど影響を受けないことを示したところでは」と。また『想起，反復，徹底操作(ワーキング・スルー)』(1914) では，抵抗とならない陽性転移を「穏やかで目立たない陽性転移」(p.151) や「転移を通しての愛着」(p.153) というような異なった表現で言及した。
　抵抗とならない陽性転移は，マーチン・スタイン (Martin Stein) の重要だがほとんど注目されていない論文 (1981) の中で考察されている。スタインは，道理にかなった態度や分析家を信頼に値する人物として友好的に受容

する態度の中に隠されている手強い抵抗を明らかにした。彼は，分析家がそのようにみなされることから得ているかもしれない自己愛的な悦びを，レヴィン（Lewin, 1955）のメタファーを使用して強調した。すなわちそういった悦びが分析家の心を和らげて眠らせ，また眠りこんでいる患者を無礼に起こすような不愉快な責務を回避することを可能にするのだ，と。

付け加えておくが，このことは「標準的な」訓練生が現実的に自分の将来を握っている分析家に対して謙虚な，また彼のことを賞賛したふるまいを余儀なくされる教育分析においてとりわけ重要な問題である。

後に述べる一つの点を別にして，スタインは抵抗とならない陽性転移を分析することの難しさを見事に論じている。彼は「**患者の情報や考えが妨げられることなく展開しているうちは，転移の話題には触れずにおくべきである**」(p.139) というフロイト（Freud, 1913）の薦めを批判している。フロイトはこの助言が重要なものと考え，**太字**で強調している。しかしそういう状況においてこそ，抵抗とならない転移が防衛として最も強力に作動しているのかもしれない。われわれは転移を早期に解釈するか否かという問題に直面している。私はそれに伴う危険や困難を十分に認識していなかったが，数年前の論文でそのような早期の解釈の必要性を主張した（Gill and Muslin, 1976）。すでに1969年にブレナー（Brenner）がフロイトの見解に対して同じような異論を唱えていた。

スタイン（Stein, 1981）の論文に関して私が異論を唱える点は，彼が抵抗とならない陽性転移の解釈には特別な技術を要するとみなしている点である。

> それゆえ私は，「抵抗とならない構成要素」の出現は葛藤のない精神的要素による歓迎すべき徴候としてだけでなく，無意識の葛藤が絡み合った結果ともみなされるべきである……そしてその分析は夢の分析に――とりわけ二次加工について――用いられる過程に類似した過程を用いることよって促進されるだろう，と提唱する［p.891］。

しかし，この過程は特別なものではなく，むしろすべての防衛的な徴候をいかに分析するかということではないのか？　特別に思われるのは，スタイ

ンがこの早期の抵抗とならない陽性転移の分析が分析状況における「いま−ここ」の相互作用，すなわち「紹介の仕方や最初の電話，最初に会った時の外見や態度の印象，時間や料金などを含む分析への適応や条件についての話し合いなどから分析家がクライエントに対して抱く初期の印象」（p.880），からどれほど手がかりを得ているかを記述しているところにある。これらは私（Gill, 1982）が強調した転移に対する分析家の「寄与」の例である。ロバート・ラングス（Robert Langs, 1979）はこれらを「適応的コンテクスト」と呼び，これらが極めて重要であることを強調した。

これらは，ジェイコブス（Jacobs, 1990）による症例報告に見事に描き出されている。この症例ではジェイコブスが，患者が分析家のネクタイや髪型，「流行遅れの新品の靴」などを見ているといった，「いま−ここ」の関係への焦点付けを繰り返し行うようになるまでは進展が見られなかった（p.443）。あいにく彼は自身の考察の中で，これらはすべて分析作業に向けた下ごしらえであり，特殊な状況においてのみ必要なものだと結論づけた。彼は，この症例での自分のやり方と比べれば，「ギルは緩慢なコフート派のように見える」ようになるだろうと主張している（p.443）。彼は，患者との「いま−ここ」関係についての彼の強い主張に照らすと，私のような「いま−ここ」を強調する人物も実はその分析においてはコフートと比較して緩慢にしか行っていないことになるだろう，そしてコフートは自己対象の転移解釈を当分は控えることを奨めているので，私（Gill）よりも緩慢なのだとしている（私信）。ジェイコブスの比較の論理は明確ではないが，彼が自身のふるまいに驚いていることは明らかである！

同様にスタイン（Stein, 1981）は彼の論文で次のように結論している，「ギル（Gill, 1979）は，分析状況において直近の文脈を理解するよりもむしろ起源となる要素に頼って転移解釈をしがちな傾向に対して，いくつかの異論を述べている。われわれは，彼の主張の妥当性を認識するために彼の転移解釈における『いま−ここ』の重視に付き合う必要はまったくないのである」（p.890）。『精神分析探究（Psychoanalytic Inquiry）』の修正感情体験に関する最近の号（Marohn and Wolf, 1990）に，この概念についての優れた議論が掲載されている。

## 分析家はどうふるまうべきか？

　分析家の中立性に関する古典的な考えでは，そのふるまいは礼儀正しく控えめで距離をとるべきだということになる。私は数年前に古典的分析家について述べた反抗的で冷笑的な批評を思い出した——活字にはなっていないが，私は何度も説いているのである！　私は，フロイトの初期の文通相手ヴィルヘルム・フリース（Wilhelm Fliess）の息子であるロバート・フリース（Robert Fliess, 1954）の論文「検死解剖を妨げるもの」に刺激を受けた。この表現は，医師である分析家の最初の患者は解剖室の死体であること，そしてその後もずっと彼のお気に入りの患者は死体であり，抗議することなく，つまり厄介な抵抗なく，メスを入れられる誰か（むしろ何か）であるということを指している。フリースの要点は，こういった初期の経験が分析家を残念にも抵抗に不寛容にするということである。私はかつて教えられてきた分析家の「正しい」役割に反旗を翻し，分析家もまた死体のようなものだ！という冷笑的な言葉を述べたことがある。

　精神療法状況を二者関係的に見るという変化が進む中で，治療者はどうふるまうべきなのだろうか。もちろん死体という見解に反対して，それとは対極の立場をとることも可能である。つまり参与する二人の役割は対等であるとして，精神分析状況を平等なものにするという見解である。そうなれば，それは相互分析の状況ということになる。私はこのような誇張表現の餌食となって，二度相互分析を試みた。一度目は，患者がそういった分析でなければできないと要求し，私もやってみようとした。そしてもう一度は，患者はとても熟達し直感力のある治療者で，過去に何度か悪い分析を受けたことがある人物だった。どちらの例も悲惨な結果になった。二つ目の例では，深刻な逆転移の処理の誤りがあったが，それがどれほど失敗に影響したかはわからない。私はフェレンツィ（Ferenczi；Dupont, 1988）がそれを試みた際に学んだことを学んだ。おそらく私たち二人は，似たような動機でそれを試みたのであろう。私は，おそらく特別にまれな状況を除いて，それがうまくいくとは思わない。治療とは非対称的状況であるが，私は少なくともいくつか

の例では，非対称性は通常考えられているほど望ましいとか必要ではないと考えている。古典的な分析家の中には，転移の性質に関する私の見解は平等主義に対する偏向とこのような偏好を不適切に精神分析状況に当てはめようとしたことに由来する，と考える人もいると思う。実際，転移や精神分析状況についての私の見解は，分析状況を二人精神病に変えてしまう危険があると示唆されている（Blum, 1986）。そうかもしれない。強い薬は危険なのだ。私は，レオ・ストーン（Leo Stone）の1954年の有名な論文「精神分析の拡大」についての討論の中でのアンナ・フロイト（Anna Freud, 1954）の言葉を思い出す。彼女は，人は異なる患者には異なるふるまいをするのだと言っている。ある人といる時には冗談を言うかもしれないが，別の人といる時には冗談を言おうなどとは考えないかもしれない。しかしこれらは危険な考えであり，これ以上話を深めるべきではないと彼女は暗に言っていると私は思う。ある考えは危険すぎるので深追いしない方がよいと考えること自体が，分析家にとっていかに危険なことであろうか！

　したがって，分析家のふるまいは古典的な自制と無謀な平等主義の間のどこかに位置すべきだと思われる。それはどこなのか？　フロイト（Freud, 1913）の言葉が思い浮かぶ。彼は，彼とは異なる気質の分析家には異なったアプローチの方が上手くやれるとして，自分自身のアプローチを皆に強制しなかった。人は同じ態度を皆に強制することはできない。分析家の中には生来的に控え目な者もいれば，自発的な者もいる。多くの分析家が年齢を重ねるごとに分析状況の中でより自発的となるのは周知のことである。ある人たちは厳格すぎる古典的な訓練の束縛から解放されることにより，またある人たちは自発的に自身を表現することがより良い結果を導くという経験により，こうなるのである。また年齢とともに地位が向上してそのような自由なふるまいができるようになる人たちもある。

　もう一度言うが，分析家はどのようにふるまうべきであろうか？　まず最初に，分析家は異なる患者にはそれぞれ違ったふるまいをするのだということを認識すべきである。自身を画一的にするよう努めるのではなく，常に適切に身を引いて転移—逆転移の相互作用を評価するという考えを持ちつつ一定の自発性を容認すべきである。その時，分析家には自身がふるまいを変え

る理由がわかっているかもしれないが，しかし，その変化が大きく唐突であれば患者が面食らうことに気づくだろう。分析家は患者側のそのような困惑に敏感であるだろうし，その自分の変更が急進的すぎたことを認めねばならないと結論づけるであろう。これは自己開示の問題を提起することになるが，これについては別のところで論じよう。

　分析家は常に，いつも自分が患者と相互に作用しあっていること，その相互作用は複雑で多くの側面を持っているので何が起こっているかを常に意識できていると考えるのは愚かなことだということを忘れないだろう。分析家は精神分析状況の確立に向けて仕事をする。それはいったいどういうものなのか？　それは，分析家と患者がそこに参加するだけでなく，一時的にそれから脱線することがあるとしても，目下の目標は関係を理解することであるという考えをお互いに持ち続け，しかし将来的な目標は患者の精神病理を発達という観点から理解することにあるという状況である。

　ホフマン（Hoffman, 1992b）は，もし分析家が一定の自発性をもって患者に応答するとしたら，精神分析状況はありきたりの社会状況からどのように区別されるのであろうか，という問いを投げかけている。この問いに彼は，精神分析状況は次のようなことを前提とすると答えている。すなわち，少なくとも分析的作業の文脈において，分析家が自身の反応の持つ意味に好奇心を持つという経験が必須なのだと。モデル（Modell, 1990）は，関係はそれ自体が目的ではなく一つの手段であるとする見解の一側面として，その関係は遅かれ早かれ自発的に終結することを意図されている，と強調している。もちろん関係は決して終わりなどしない。分析家は被分析者の中にその後もずっと生き続けるのである。モデルは分析状況の中でのさまざまな関係を，現実のさまざまな水準を構成するものとして記述している。私にはこの定式化が的を射ているとは思えない。私はむしろ，変化する関係はすべて精神的なそして物質的な現実の混合物であると確信している。それらは当事者にとって関係が何であり，何であるべきかについての，それぞれの内在化された仮定を反映している。実際，それらは転移－逆転移の構造によって変化すると言ってもよい。さらに言えば，私はモデルの定式化は構成主義的視点という必須の土台を欠いていると考えている。

訓練分析はこれに関して興味深い問題を提示している。訓練分析の背景は，分析が終了した後も被分析者が分析家との継続的な関係を，それがたとえ専門的な基盤においてだけであっても，予期しているという点で通常の分析状況とは異なっている。おそらくこれが理由の一つと思われるが，多くの分析家は，大きな意味を持つこの関係が結局終結すること，それも突然に週に3回，4回，5回のものがゼロとなることを知ることが患者にとってどれほど心を動揺させるものであるかについての配慮が必ずしも十分でないことがある。このことが，予め終結日がずっと先に決められること，差し迫った治療終結について患者が感じることに対して多くの作業がなされなければならないとされることの理由の一つである。このため分析家の中には頻度の漸減による乳離れの期間を推奨する人もいる。

私はかつて自分が被分析者だった時に（その後しばらくして私は分析家になった），私の分析家が，一度だけルール違反をすると告げて分析終了後に私と社交的関係をもったという経験があった。今になってみれば，彼にそうさせるようなプレッシャーを与えたのは，彼自身であると同様に私でもあったのだということがよくわかる。もしこの申し出に対する私の反応が注意深く分析されたとしたらおそらく何の損失もなかっただろうが，それはなされなかった。私は後になってこの失敗を残念なことだと考えるようになった。

訓練状況は分析に多大な負担を課す。当然のことだが訓練生は，もし自分を完全に開示すると訓練分析家が自分の適性に異論を唱えるのではないかと恐れるかもしれない。これは一般に分析家の間で言われていることだが，最初の分析は協会のために行われるもので，二番目の分析こそが自分自身のために行われるものなのである。

分析状況を一者心理学とする定式化の他にも，フロイトの言葉の中には，分析家が分析状況においていかに感情的に巻き込まれるかを真剣に取り上げていないものが多いことに私は驚かされた。あるところで彼は，患者と分析家の間で以前にあることが言われたか否かについて不一致があった場合には，常に分析家の記憶の方が信頼に値すると述べている（Freud, 1912c, p.113n）。また別のところでは，解釈が間違っていても大したことではないと述べている（Freud, 1937）。これに続く素材が確認できなければその解釈

は消えてしまうだろうと言うのである。さらに別のところでフロイトは，患者に解釈を強いることに後ろめたさを感じることがあったとは思わないと言っている！　しかし通常，フロイトは正反対の趣旨で引用される。彼の最後の論文の一つにおいてフロイト（Freud, 1937）は，分析過程における主要な障害は分析家のパーソナリィティであるとし，分析家は個人的に危険な材料を取り扱わねばならないので，5年ごとに分析を受けるべきだと言っている。しかしこの忠告はめったに守られなかった。すでに述べたように，分析期間が今日のように長くなれば，分析家はいつも分析を受けるべきだと言うことになる。しかしそれには（不利益もあるが）価値もあるかもしれない！

　分析過程における分析家の貢献を判断する際には，分析家のパーソナリィティだけでなく，彼が人の心のありようをどのように考えているか，また何を適切な技法と考えているかも考慮されるべきである。もちろんこのことには分析家の間でも大きく異なる議論がある。ではどうしたらよいのだろうか？　シェーファー（Schafer, 1979）は，この分析家の修了課程に関する問題について非常に興味深い話をしている。「いずれかの流派の分析家であること」という講演において彼は，分析家が経験の継続によって導かれることを強調した。

　フェレンツィによる技法の変更は，分析家の適切なふるまいを決定しようとする試みが誤った考えであるということをよくあらわしている。古典的な分析以降の時代に，彼は分析状況における潜在的な満足が本能的な願望の表出を引き出すのだと結論し，排出の頻度を制限するという厳しい手段で分析状況外への本能の流出を制限し，そのような願望をより鮮明に分析の中に持ち込もうと試みた。そして，そのように満足を厳しく制限することが患者と分析家の双方にとって耐えられないことを発見して正反対の行動をとり，よく知られた深い関係に陥った。フロイトはこの親しい友人の試みに嘆き，反対したのだが。

　性的な関係を持つといった明らかに無分別なふるまいを控えることは当然として，分析家にとっての適切なふるまいを規定することは不可能である。分析家は，皆自分のパーソナリィティや信念の命じるままにふるまう。アンナ・フロイト（Anna Freud, 1954）が言うように，分析家は一つひとつの分

析において多少とも異なるふるまい方をするのである。分析家のふるまいがどんなものであれ，被分析者には満足を与えるものとして，また満足を禁止するものとして経験される。分析家の責務は，自分がどう経験されているかをできるだけ意識し，できるだけ賢明にその気づきを分析に役立てることである。私がこの最後の方法に考え至ったのはホフマンのおかげである。私自身は好んで，分析家はその気づきを可能な限り明確にするべきであると言ってきた。「可能な限り明確に」という定式化は，唯一正しい方法を選択することだと誤解されることがある。それが分析的探究の理想的な手本であることは確かかもしれない。しかし分析家の探究心がどれほど強かろうと，分析はまず治療として行われるのである。

　私は数年前のクルト・アイスラー（Kurt Eissler, 1950）の論文に強く心が騒いだことを思い出す。彼は，もしある点で症状の軽快と一層の分析のどちらかを選択しなくてはならない時には，後者を選ぶべきであると論じている。私は，彼の意味するところはさらなる探究こそが長期的に見てよりよい治療効果をもたらすということだと信じている。

　修正感情体験について最後に注釈をつけておく。アレキサンダーは，分析家が修正感情体験となることを意図してあるふるまいをしたなら，患者は必然的に彼のふるまいをそのように経験するだろうと想定したという点で，心的現実というものを見落としている。患者の経験はまったく異なるかもしれないのである。さらに言えば，個々の患者がどの種類の修正感情体験を必要としているかは容易に決定できる，ということには疑義を差し挟まねばなるまい。

　私は多くの分析における基本的な問題は，それが不安からであろうとトレーニングの産物であろうと，分析家が被分析者に対して人としての自分自身を差し出すことを控えることだと信じている。患者もまた，明らかなものであれ曖昧なものであれ，何らかの意図から自分自身を差し出すのを控えるのである。

## 乱暴で退屈な分析

　分析家がいくつかの異なった可能性の中から自分の全体的な方針を決定する一般的な方法の一つは，乱暴で退屈な分析という観点から考えることができる。数年前に，私が現在よりも「いま－ここ」の分析の重要性に情熱を注いでいた時，フレッド・パイン（Fred Pine）は私が過去の再構成を過小評価していると示唆した。「フレッド，それは違う」と私は言った。「あなたが過去を重要視するのはあなたが発達心理学者だからだ。だからあなたにとって過去が重要なのだ。患者にとって重要なのは苦痛が取り除かれることなのだ」と。近年フレッドはこのやり取りを論文に引用したいと頼んできた。私は彼に，まずこの議論をしてくれたことへの感謝を述べ，補足説明を加えてくれるなら引用してもよいと答えたところ，彼は喜んで同意した。その補足説明とは，今の私は私の言ったことがちょっと言い過ぎだったと考えている，というものである。むろん今でも，治療者が強調する内容は彼らの偏向にもとづいており，そして，それらは患者の偏向からくるわずかなきっかけ（さらに熟考すればそれらがわずかかどうかは疑わしいが）にも反応する，と考えてはいるが。

　治療者が分析を通して明らかになるであろうと考えたことが，実際に明らかになることに重要な影響を与えるのである。同じ患者の分析を異なる分析家が行っても——比較はもちろん現実には不可能であるが——同じ素材に行きつくであろうか？　もし分析家が転移に重大な寄与をするとすれば，この仮説上の事例においてその転移は同一のものとなるであろうか？　そこに生じる相違は些細なものであろうか？　こういった問いが最近になって真剣に取り扱われるようになったことを示すものとして，分析家の性別が分析過程に与える影響に関心が集まっている。

　フレッドの言葉によって，同じ患者の分析において分析家が異なれば大きな違いが生じる，ということを理解する道が開けたように思われる。分析家は患者の発達の歴史を再構成する必要はない，と彼は言った。実際に分析の中では，患者の発達において重要ではないことから大きな問題が生じること

がある。フロイト (Freud, 1912b, p.104n) はこれを戦争での戦闘にたとえた。主要な戦闘は，戦略上の理由から，見たところ重要でない戦場の一隅で生じる。そこに国庫の金が隠されているわけではない。この言葉は，私とフレッド・パインの対話に対して明らかにある意味を持っている。

　フロイトは最初「乱暴な分析」という用語を使用するはずだった。そしてその特徴として，抵抗の見落としと分析家の見解の押しつけという二つを考えた。シェーファー (Schafer, 1985) はクラインやコフートや私を取り上げ，彼が乱暴だと考える分析体系について述べた。彼は次のように論じている。クライン派は抵抗の中にあらわれる防衛を最初に扱うことなしに「深い」解釈を行う。コフートは患者との関係を最初に検討しないままに特定の夢の解釈を行う。ギルもまた侵入的で頻回な介入を行い，「いま－ここ」での転移──患者と治療者間の今の関係を患者がどう体験しているか──を分析することの重要性を強調しすぎる，と。

　シェーファーによれば，特定の線に沿った追求はそれがどんなものであれ「乱暴」と呼ばれてしまうのである。すなわち，分析家というものは古典的な意味で中立的でないと言っていることになる。フロイトが記述した乱暴な分析の二つの特徴はどちらも，分析家自身の指針による中立性の侵犯をともなうのである。

　シェーファーの理解では，すべての乱暴な分析は，同時に退屈と呼ばれるかもしれない。というのは，フロイト派の正しい物語を明らかにするのに障害となるからである。他方で乱暴と呼ばれる分析家は，彼らの方法とは異なるアプローチを退屈と言っているようである。たとえば私は，治療の対象となる，最も強く抵抗されているものと私が考えるもの，つまり，「いま－ここ」の相互作用を扱い損ねることは分析を退屈にすると考えている。クラインは，彼女がパーソナリティを支配しているとみなす原初的な空想を理解し損ねた分析こそ退屈であると考えた。そしてコフートは，性的で攻撃的な事象を一次的だとする分析が，そのような事象を断片化された自己を強化する派生物として理解することに失敗するときに退屈だと考えた。

　すべての体系は自身とは異なる体系を，真に重要だと考える事柄を扱い損なっているとして退屈なものと考え，また真に重要だと考える事柄が別の何

かに置き換えられているとして乱暴だと考えるのである。このようにそれぞれの体系は、何が「本当の」真実かは揺るぎのないものであり、正しく遂行し個人的な見解を押しつけることを差し控えさえすれば真実は見つけられるものであり、結果としてその事象は患者から自然に明らかになると考えている。しかし、そのように自然に明らかになるということが本当に起こりうるのであろうか？　影響を受けない自発性があるとする考えは構成主義的な概念に矛盾しないのであろうか？　私たちが皆自身の無意識の力に突き動かされているという一般的に受け入れられている考えに、果たして矛盾しないのであろうか？

　シェーファー（Schafer, 1983）は、精神分析の中で出来上がってくる患者の生育歴を「物語」と呼び、多様の物語が構築され得るし実際にされていると論じたが、これは精神分析に波乱を引き起こした。彼は、ある物語は他のどんな物語とも同様に真実である、と言っていると誤解された。もちろんそうではない。しかし何が「より真実」かという基準は、自然科学における一義的な真実とは異なる。シェーファーは、精神分析における適切な基準は、一貫性、調和性そして包括性であるとし、それに常識をつけ加えている。

　シェーファーは実のところ構成主義の正当性を受け入れているか疑わしいと理解されることもある。一方では彼は、ウィルバーン（Wilburn, 1979）に賛同して、「分析資料のもつ、本質的かつ実り多い、対話から生じる間主観的な、二人の共著という性質」について記載している（Schafer, 1985, p.280）。他方では彼は、「相互浸透［インターペネトレイション　解　釈インタープリテイションの語呂合わせであり、精神分析的資料が共著されたものだということをほのめかしている］という事実は乱暴さを示すのではなく、精神分析的な意味は対話と相互影響により生じることを示している」と書いている（p.280）。これの意味するところは、「精神分析的な資料」は共同して著されるというよりも客観的に発見されるものだということである。たとえその発見が「対話と相互影響」という方法によって生じるとしてもである。

　シェーファーが構成主義者的な立場の取り込み方に決して熱心だったとは言えないことを証明するために、フロイト派の分析家の「専門技術」に関する彼の議論を引用しよう。

第7章　分析家は何を言い，何を行うか　153

　　フロイト派の分析家は，自分たちの解釈の技術的なしきたりや輪郭を必要不可欠な，変化をもたらす視点を提供する専門技術であるとみなしている。この経験がその技術に従って可能な限り理解されると，この技術は被分析者の直接の経験と関連づけられるようになる。この専門技術は，洞察によって，とりわけ葛藤的な幼児的状況への洞察を通して，この経験を変形させるものとなる［pp.296-297］。

　私は「その技術に従って可能な限り」という両価的で不確かな表現が頼みの綱であることを改めて指摘しておく。そしてさらに洞察が重要視されていて，分析家の担う新たな経験が過小評価されていることを指摘しておく。シェーファーと私が決定的に異なるのは，「ほどよい」分析家がどれほどの客観性を持つかという点である。彼は「分析家……は葛藤のないもしくは自律的な機能をとりわけ多く持ち合わせている」と書いている（p.295）。もちろんわれわれのどちらもがその総量を測り得ないし，われわれの違いは，平均的に期待される，ほどよい分析家が発揮するであろうと考えている客観性の程度の違いにありそうである。

　分析における物語(ナラティブ)にはさまざまなものがある。治療が進めば物語は変わるが，それは異なった論点が異なった物語を導くからだけではなく，常に変わっていく現在が，過去がどのように回想されるかに影響するからである。シェーファーは，彼がフロイト派のストーリーと呼ぶものについて，構成主義的な視点を一時的に失っているように思われる。彼は次のように書いている，「分析家は既存の理論的な約束事によって定められた線に沿って再構築を行う……この約束事はおもにフロイトによって，被分析者が象徴的にそして（可能な限り）**自発的**に分析の中に持ち込む題材に適合するように練り上げられた」(p.204)。

　構成主義的姿勢に拮抗する姿勢は「可能な限り」というシェーファーの但し書きの中に明らかである。知覚する人が自身の知覚するものに影響を与えるという限りにおいて，患者から完全に「自発的な」情報が得られることなどないのである。被分析者が述べることには，分析家もまた寄与している。シェーファーがこのことを認識していることは「既存の理論的な約束事」という言及にあらわれている。

古典的な分析家によりフロイト派のストーリーがどのようにみなされたかを明確にするために，再びシェーファーを引用するのが良いであろう。

　　フロイト派の分析家は……漸次この改作された物語（治療が進むにつれての物語の改訂）を身体的な領域や機能様式，実体，とりわけ口，肛門，生殖器などに関連づけ，そしてこれらの領域と結びついた，呑み込みと吐き出しの機能様式，保持と追放の機能様式，そして言葉や感情，思想，そして食物や大便や尿，精液や乳児などといった具体的概念と関連づけて構成した。これらのすべての構成要素は，乳幼児期の家庭生活のドラマの中で役割を与えられるが，そのドラマは誕生や喪失，病気，虐待や育児放棄，両親の現実的かつ想像上の葛藤や性的関心，性差などを巡って形作られるものである。このように心に抱かれている乳幼児期のドラマが，分析的対話の中に**被分析者によって持ち込まれる**ことが，繰り返し示されることは極めて重要である。たとえそれが巧妙に行われたり，転移や抵抗の解釈の中で達成されたものであったとしてもである。

　もう一度言うが，知覚する人と知覚されるものとの関係にはジレンマが存在する。シェーファーは被分析者により繰り返し持ち込まれる乳幼児期のドラマについて語っているが，少なくともこの定式化においては，被分析者の経験に対する分析家の影響を軽視している。治療者が，あらかじめある理論を信じることなしに仕事を行えるとほのめかしていることになるのだろうか？　それは違う。治療者はそれらを考慮に入れることができるように，可能な限りそれらに気づいていなければいけない。私が主張したいのは，シェーファーが自身が発見することを予期している内容に関して間違っているということではなく，彼が治療者の予測の役割を控えめに扱っていることである。さらに言えば，彼が正当なフロイト派のストーリーと考えた二つの論点，すなわち一方は身体的要素であり他方は乳幼児期のドラマであるが，これらの階層的な関係について彼は間違っているかもしれない。シェーファーは，分析の設定は患者を幼児化すると言って私を批判している。彼は，仮に患者がその設定をそのように経験したとしても，それは患者の問題であると主張している。彼の定式化は患者の経験に対する分析家の寄与を再び無視してい

ると私は思う。私は，患者が分析家との関係において，幼児的な立場に置かれると感じてももっともだということがあり得るとさえ考えている。これはアイダ・マカルパイン（Ida Macalpine, 1950）が分析状況をゆっくりとした催眠導入と呼んだことを思い出させる。

　フロイト派のストーリーについてのシェーファーの論述の中で特に注目すべき点は，ほとんどすべての精神分析的また精神力動的理論において中心的と考えられている幼児期（子ども時代）のドラマではなく，漸進的と言われる「身体的機能様式，領域そして実体」に関する組織化なのである。かくしてわれわれは，動機についての精神分析の諸理論と精神機能における身体の役割へと導かれる――あるいは私が導きたいと言うべきか。

# 第 8 章

# 理論と技法

## 動機づけの理論

　人間存在は，生体と人格の両方からなっている。精神分析は生体の学問なのか，それとも人格の学問なのか，あるいはその両方を対象としているのか？　この点が不明確なことが，精神分析内部に多くの論争を生み出していると私は考えている。
　この問題に取り組む一つの方法は，精神分析が心理学なのか生物学なのかそれともその両方なのかを問うことである。言うまでもなく，心理学や生物学といった用語はさまざまに定義されうる。精神分析が心理学だということは一般的に合意されている。そしてそれが生物学でもあると言えるかどうかについては，フロイト自身が曖昧なままであった。
　精神分析における生物学の役割についてのフロイト（Freud, 1905）の確固たる主張は，『性欲論三篇』第 4 版の序文における次の陳述に見出されるかもしれない。このモノグラフで彼は，最も明確にそして包括的に，性欲に関する自身の初期の見解を表明している。

　　精神分析の純粋に心理学的な仮定や発見によって無意識，抑圧，病気の原因としての葛藤，病気から得られる利点……そして症状形成の仕組みなどに関する認識は深まった……がしかし，生物学の未知の領域にあるその理論のそういった部分と，この小論に含まれているその理論の基礎は，いまだ減少することのない矛盾に直面している。私は，回想することによって，また素材の再検討を続けることによって，この理論のこういった面は有用で偏りの

ない観察に基づいていることを確信した [p.133]。

フロイトは何故「生物学の未知の領域」に言及したのであろうか？　そして自身を「偏りがない」と言っていることは，彼が実証主義者であって構成主義者ではないという見解とたしかに矛盾しない。

一方で，何が心理学で何がそうでないかをフロイト（Freud, 1916）が明確に区別している重要な陳述がある。フロイトによる生物学と心理学の区別は，ここで改めて紹介する価値がある。

> 精神生活の中で観察されうるものは何であれ，時に精神現象として記述されるかもしれない。問題は，特定の精神現象は身体的で器質的で物質的な影響によって起こるのか——そのような場合にはその研究は心理学の一部とはなり得ないであろう——それとも，それらはまず第一に，その背後のどこかに一連の器質的影響が始まるような何か他の精神過程に由来するのだろうか。われわれがある現象を精神過程として記述する際に心にとめているのは後者の状況であり，そういうわけでわれわれの主張を「その現象には意味がある」という形で表現する方が適切なのである。その「意味」という言葉をわれわれは「趣意」，「意図」，「目的」，そして「連続的な心的文脈の中での位置」と考えている [pp.60-61]。

精神事象が直接身体から生じることがあり，そういう場合には心理学とは言えないというフロイトの理解を強調しておくことは重要である。心理学が扱うのは，他の精神作用に由来する精神作用だけである。これに関連して大いに議論されている問題に，欲動と欲動の表象の区別がある。欲動は精神現象となり得るであろうか，また欲動の表象はどうであろうか？

ここにフロイト（Freud, 1914b）の注目すべき陳述がある。ここで彼は，古典的精神分析の要——リビドー論——は生物学であり，心理学ではないと論じている。

> 私は一般に心理学を，それとは本質的に異なるものすべてから，生物的な考え方からさえも，明確に区別しようと思う。このようなわけで私は，個々

の自我-本能と性本能の仮説（つまりリビドー論）は心理学的基盤に根ざしているのではまったくなくて，生物学にその主要な根拠を見出していることをここで敢えて認めようと思う……欲動の理論の決定的な結論を他の科学がわれわれに与えてくれるのを待てないので，われわれは**精神現象の統合**によって生物学の基本的な問題にどのような光が投げかけられるかを見ようと思う[pp.78-79]。

　この陳述の注目すべき点はその曖昧さにある。リビドー論は心理学にまったく**頼らずに**「生物学に主要な根拠」を見出しているとされるが，しかし彼がしようとしていることは心理学なのである。もちろん生物学という言葉の意味は，ハルトマンが適応を生物学的出来事と呼んだように，拡大が可能である。しかし私は，生物学とは通常は身体を指していると考えている。
　問題はこうである。人は人格であるだけでなく生物学的な生体でもあるのに，精神分析は心理学的学問であるだけでよいのだろうか？　精神分析は身体について非常に多くを語っている。実際，精神分析を他のすべての心理学から区別する本質的な特徴は，性欲，つまり身体機能の主要な一面を核にしていることであると信じている者が多い。それでは何故，フロイトは単なる性ではなく精神・性的なものにしばしば言及するのであろうか。

## 欲　　動

　精神分析において中心的な，しかし多義的な概念の一つが，かの欲動の概念である。精神力動の重要な起源としての欲動の概念は，精神分析理論の中で最も議論となる問題の一つである。精神生活を引き起こす動因としての身体的な欲求を強調する理論として，精神分析には身体から精神へと橋渡しをする概念が必要になる。この概念が欲動であり，これはフロイト（Freud, 1915）によって「身体との結びつきゆえに精神に課せられた要求」をあらわす境界概念として明確に定義された。欲動概念が持つ境界的特徴は，それが生物学的なものか心理学的なものかという論争によって明らかとなった。この論争の一側面は，Triebというドイツ語の正確な英語訳は何かということ

と関係している。これは文字通りには"drive"を意味するが，初期の翻訳では"instinct"とされた。しかしinstinctという語には生来的な様式という多かれ少なかれ定着した含意があり，これは学習が精神的な発達の中で果たす重要な役割とは馴染まないものだった。よく知られた折衷的な訳はinstinctual drive（本能欲動）である。

　古典的なフロイト派の理論では，これらの本能欲動は通常の発達においてその原型を捨て去られるべきものだとされていることは，いくら強調してもしすぎではない。それらは通常，いわゆる昇華作用と呼ばれるように，弱めたり形を変えることによってのみ満足を与えられるのだが，その変化はしばしば「馴化(じゅんか)」とも呼ばれる。原型の衝動は，昇華の中に見つけることが困難なこともあるが，いくぶんは認識可能な形で残されている。

　フロイト（Freud, 1940）は「イドの力が個々の生体の生存の真の目的をあらわしている」と書いている（p.148）。煮えたぎる大釜にたとえられるイドは，比喩的には一端は身体へ，そしてもう一端は精神へと開かれている。それは，未知の形での欲動を包含しており，その欲動は身体から生じてこれまた未知の道を通って精神現象となる。しかし欲動が，放出を求める精神的エネルギーになるようなエネルギーをともない，これが身体から精神に入り込むというのは推論である――これがフロイト派の中心的なメタ心理学の説である。そのような放出が，外的な環境を考慮した仕方で，つまり適応的な仕方で生ずるように取りはからうのは自我の役割である。フロイトはまた次のようにも書いている，「この同時に存在し互いに対立する二つの基本的な本能の働きによってすべての生命現象が多様化されるのである」（p.149）。

　動機づけの一般的な特徴についてのフロイト（Freud, 1915）の基本的な論文は「本能とその運命」である。彼は本能には次の四つの特徴があると考えた。①源泉，身体過程における刺激が本能欲動によって精神生活にあらわされる，②圧力，これは力の総計である，③目的，本能の源泉において刺激状態を取り除くことによってのみ達成されうるようなあらゆる即時的満足，④対象，それを通じて本能が目的を達成するようなもの。

　最も影響力のある，また，最も体系的なフロイト派のメタ心理学者の一人であるデヴィッド・ラパポート（David Rapaport, 1960）もまた欲動論の一

般的な特徴を詳述したが，欲動の具体的な内容については述べていない。彼は本能を，放出に引き続いてエネルギーが循環的に増強されることと考える点でフロイトに追従した。そして，欲動だけが動機づけの要因になるのであり，他のすべての要因は動機づけにならないとまで言った。私は，彼が内容について言及することなく欲動を定義しようとしたわけは，生来的なものと経験にもとづくものを区別するためであったと考えている。ラパポートが欲動を非特異的なものと定義したもう一つの理由は，人間の欲動を下等動物のそれから区別することにあった。下等動物の本能は，たとえば鳥の巣作りのように，非常に特異的な行動を詳細に規定している。一方で人間の本能欲動は固定したものではなく，はるかに経験つまり学習（Hartmann, 1948）による影響を受けやすい。このような柔軟性は一長一短であり，個人にチャンスを与えることもあれば，破局への扉を開くこともある。フロイトは，リビドー欲動の特徴はその可塑性すなわち置換可能性にあると強調した。

　フロイトは欲動を精神生活の中心的な動因とみなしたが，彼の欲動論は幾度か変化した。彼は，最初は種の生存と個人の生存を生物学的に区別することに基礎を置き，性欲と自己保存の二つの欲動を提案した。精神分析理論の主要な転換点は，彼が自己愛——自身への愛——もまた性欲であり，自己保存のための欲動は性欲動の一部になると結論づけたことである。しばらくの間その理論は一元的に見えた。しかしフロイトが死の本能とそこから派生する攻撃欲動を比較的晩年に提案してからは再び二元的となった。非性愛的な攻撃性を認識するのに何故そんなに時間を要したのかわからない，と彼は言っている。今日，動機づけに関する精神分析理論は，依然として性欲と攻撃性という主要な動機からの派生物にヒエラルキーがあるとし，その派生物はしだいに外的な世界への適応を考慮に入れるようになってくるとしている。本能欲動に関するフロイトの理論は彼のメタ心理学の中核である。彼は普段から自身のメタ心理学を固く信奉していたにもかかわらず，それを神話とも言っている（Freud, 1937a）。メタ心理学は彼の研究の中心であったが，対象関係に関する彼の記述はしばしばメタ心理学とはかけ離れたものだった。欲動論の決定的な修正がなされた小論「ナルシズム入門」（Freud, 1914b）においてさえ，エネルギー放出のパラダイムは，これはホフマン（in press-a）が言ったことだが，「風前の灯火」である。

　フロイトの研究にはこのように異なる側面があり，これにより多くの古典的分析家が次のように言うことが可能になった。欲動論と関係論の論争において関係論者はフロイト派の理論が欲動—放出パラダイムを保持していると批判しているが，「現代の（古典的な）精神分析」はもはやそうしてはいない。事実はこうである。実はハンス・ローワルド（Hans Loewald）のような古典的とみなされている分析家は古典的ではなく，フロイトのメタ心理学を信奉する多数の分析家が，エネルギー放出という考えを強くは主張しないものの，実際は欲動に関して生物学的な見解を保持しているのである。

　フロイト派の動機に関する見解は，さまざまな種類の精神エネルギーに対応するいくつかの定式化をともなっている。これらの定式化は説明的なものと思われているけれども，やはり私の見解では隠喩の組み合わせに過ぎない。フロイト（Freud, 1895）は「科学的心理学草稿」を「自由な」エネルギーと「制約された」エネルギーの記述から始めたが，彼らもそこから始めている。自由なエネルギーは一次過程を特徴づけ，制約されたエネルギーは二次過程を特徴づけるとされている。エネルギーが自由で制約のないものであることが，フロイトによれば，置き換えや圧縮などの一次過程の現象を可能にする。リビドーの概念もまたエネルギーの特定の性質についての概念であり，後に「自己愛的リビドー」と「対象に向けられるリビドー」の二つとして理解され，さらに後には攻撃的なエネルギーの概念が加えられた。

　フロイトは反復強迫と死の本能を，彼の理論構築の中でそれまで至上のものだった快感を求める生体の努力に取って代わるものと考えた。それゆえ死の本能を導入した論文は「快感原則の彼岸」と名付けられた（Freud, 1920）。フロイトは当初これらの見解を推論に過ぎないものとして提案したが，後になってこれ以外には考えられないような確固としたものになったと語っている。

　こういった考えは極めて極端な推論なのだが，フロイトはこれに臨床的な根拠があると確信していた。彼は，心的外傷を夢の中で再体験することや苦痛に満ちた経験を精神分析状況で再演することは，反復強迫とそこから生じるもの，死の本能であると考えた。これらの現象は快感の探求とは相反する

ものだからである。

　ほとんどの精神分析家は死の欲動という概念を受け入れていない。それが経験的なデータとどれほどかけ離れているかを証明することも反証を挙げることもできないものだと考えているからである。反復強迫は，それが実証可能な反復現象と直接的に関係していることが見えてくると，単なる推論とは言えないように思える。しかし多くの分析家は，反復強迫が観察データであることは確かだが，それは学習されたものなら何でも反復するという一般的な傾向であり，学習によって習慣的な行動様式が生じたのだと説明する方が賢明だと考えている。分析家の中には，特に自己心理学者に多いが，攻撃性と憎悪を区別する者もいる。前者は攻撃に対する適応的な反応とみなされるが，後者は適応的でなく，攻撃者を破壊しようとする不適応的で盲目的な欲求であるとみなされている。自己心理学者は後者を「自己愛的憤怒」と呼んでいる。

　フロイトが精神分析の中で突出しているのは，実証可能な基準からかけ離れていたにもかかわらず，そのような壮大な概念に対する賛否を論ずる労を惜しまなかったことにある。ほとんどの精神分析家は——クライン派は重要な例外であるが——死の本能を却下したが，しかし攻撃欲動の概念はしっかりと保持した。現在でも論争は続いているが，しかしながら多くの分析家は，攻撃性は常に反応であって，放出を求める生来的な攻撃性の蓄積などというものはあり得ないと主張している。多量の性的もしくは攻撃的エネルギーは放出を求めるという概念は，フロイト派の理論における基本的なテーマである。彼のこの見解に異を唱える人たちは，この点に関するフロイトの理論化は当時の自然科学を尊重する風潮の影響を受けており，エネルギーとその変遷という考え方は当時の科学の支配的枠組みであったとみなしている。このエネルギーという考え方は，臨床的な理論に影響を与えるけれども，何よりメタ心理学を特徴づけるものである。

　エネルギーという考え方を情報理論という考え方に変えようという試みがあったが，しかしこれはエネルギーの比喩を別の比喩に置き換えているだけで，同じことをしているように私には思える。そうしたからといって現象の心理学的理解には何の足しにもならない。

動機づけの理論をいわゆる自我心理学の一側面として練り上げようとしたのはハルトマン（Hartmann）である。自我心理学は，衝動はどのように防衛されるか，あるいは適応や満足を得られる形に至らしめられるかを扱っている。これは精神分析をより完成度の高い一般心理学にするための彼の試みの一部であった。彼の主要な提案の一つは，感覚器官や運動器官のような一次的な自律した自我機能が存在し，それは基本的に欲動に由来するのではなく生まれながらに存在するというものである。もちろんこれらの器官に関する詳細な研究は精神生理学の領域であって，まずアカデミックな心理学の中で研究された。このような正常な，かつ力動的な心理学研究は，主として認知様式の研究とされた（Klein, G., 1970）。二つ目の提案は，動機とより明確に関連するもので，二次的な自律した動機が存在するというものである。しかしこれらはそもそも基本となる欲動やその派生物と自我との妥協に由来し，そして起源から離れて比較的安定したものとなるのである。三つ目の主要な提案は，一つの機能と結びついて生じた動機が，たとえば防衛的な動機が，順応といった別の機能に用いられるというように，その機能が変化するというものである。

このように精神分析を，イドと自我と超自我という構造論の一部であり，後に自我心理学と呼ばれるものにまで拡大することに強く抵抗した分析家もいた。彼らはイドの中に欲動が存在するという伝統的な精神分析の主張を自我心理学が脅かすことを恐れたのである。実際，自我心理学はイドの中の原始的な欲動が誘発する不安から逃れるために生まれたと批判する者もいた。精神分析のとる一般的な態度は，われわれの文化的風潮の中ではいかがわしい態度とされ，イド欲動は素人はもとより訓練を受けた精神分析家にとっても非常に衝撃的で，人間の根底には肉欲的で獣のような側面があるという考えから逃れたり否定したりしたいという誘惑が常に存在する。フロイトのイドを獣にたとえるのは現代の関係論者の発明だと時々論じられるが，欲動は「馴らされる」べきだと言ったのはフロイト自身ではなかったか？　フロイトは，精神的な病は人類が文明の発展のために支払った代償の一つであると主張している。

本能欲動は何らかの身体的な起源を持たねばならず，それが通常身体的な

エネルギーとみなされることは明白なようである。このエネルギーは蓄積されて放出され，そして再び蓄積されるといった生来的な性質を持つ循環を形成している。身体的，内分泌的な生殖装置の存在から，性欲が身体的起源を持つと想定することは容易だと思われる。そして実際にフロイトは，単に隠喩的なだけでなく実質的なものとみなした定式化の中で，リビドーは身体のあらゆるところから起こるとみなしていた。しかし攻撃欲動の起源といったものを見つけることはより困難である。攻撃欲動の起源は筋肉組織内にあるとする見解が提唱されているが，広く受け入れられてはいない。性や攻撃のエネルギーが放出に向けて循環的に増強されると考えると，性欲や攻撃性は外的な刺激に対して表出されているに過ぎないとする見方に比べて，人間の行動の見方が違ってくるであろう。前者の見方は後者に比べて，性欲や攻撃性を自制することに関してはるかに悲観的である。

　人の動機を性欲や攻撃性で説明することは極めて一般論的な主張である。人は複雑に絡み合った動機についてもっと詳細で具体的な記述を求めるものだ。さらに，そのような具体的な記述のためには，根底にある性欲と攻撃性とに由来する派生的な動機にはヒエラルキーが存在するという考え方が必要である。すでに述べたように，そのような派生物は次第に「馴らされた」，つまりそれらがそこから生じたところの荒々しい源と比較するとかなり現実に則した動機として記述されるようになった。

　フロイト（Freud, 1915）がずっと以前に，欲動と自己のどちらが上位にあるかについて対照的な二つの定式化をしたことは興味深いが，これはほとんど注目されていない。彼はこう書いている。

　　生物学は，性欲が個人の他の機能と等しく配分されているわけではないことを教えてくれる。なぜならその目的が個人を超えて，新たな個人の産出——すなわち種の保存を含むからである。さらに言えば，**自我と性欲の関係についての二つの視点が，これは同等に根拠のあることのように思われるが，あるのかもしれない。**一つ目の視点では個人 [das Individuum] が主要なものであって，性欲は活動の一つであり，性的満足は個人の要求の一つなのである。しかし他方の視点では，個人は不滅にも似た生殖細胞質の束の間の一

過的な付属物であり，それが生殖の過程によって個人に付託されているのである [p.125]。

　欲動の主な特徴はその対象にあることが思い起こされる。フロイトは，対象を欲動を取り巻くものの中で最も変わりやすいものとみなし（しかし逆説的になるが彼は対象への「固着」についても述べた），欲動は対象に対して上位にあることを明確にした。動機づけについてフロイトのものとは異なる二つの主要な精神分析理論があり，そこでは欲動と対象のヒエラルキーは覆されている。一つは対象関係論である。この理論は，人間とは生来的に，最初の世話をしてくれる人，一般的には母親，に愛着を形成する社会的な動物であるということを前提にしている。この理論は古典的理論の亜型にすぎないと考える者もいるかもしれない。というのは，愛着は性欲の一形態と同様とみなすこともでき，そして特に性欲についての古典的な見解はとても広範であるからである。しかし私は非常に重要な相違点についてすでに言及した。古典的理論は養育者への愛着を性欲動や攻撃欲動の満足に対して二次的なものと考えており，一方対象関係論は愛着を一次的な動機と見ている。後者の理論は特にボウルビィ（Bowlby, 1969）によって擁護された。彼は愛着欲動を具体的な構成要素に細分化した。すなわち，しがみつくこと，泣くこと，微笑むこと，吸うことそして追いかけること，である。現代の乳幼児研究は愛着を一次的な欲動とすることに矛盾しないように見える。それは霊長類のしがみつきにたとえられる（Hermann, 1936）。

　対象関係論──「対象」とは人をあらわさない用語でありながら人を意味する奇妙な用語であるが，精神分析の文献の中では広く用いられている──は，対象関係と欲動のどちらをより重要とみるかにかかわらず，すべての精神分析理論の中で大きな役割を果たしている。以前にも述べたことを敢えてここで繰り返すが，他者との関係が上位にあるとするような理論の呼称はわれわれを混乱させるのである。「対象関係」論はメラニー・クライン（Melanie Klein）によって創始されたと考えられている。彼女は主に「内的対象」に興味を示し，これらの対象と関係する外的で経験的なものは重要視しなかった。すなわちクラインにとって，対象との関係とは本質的には乳児

期のファンタジーに由来するものだったのである。しかし多くの分析家にとって，対象関係論はよく知られたフェアバーン（Fairbairn）やウィニコット（Winnicott）やガントリップ（Guntrip）などのいわゆる英国対象関係学派のことを指すようになった。この理論においては対象との経験的な関係がより重視されている。呼称の混乱は，「対象関係」という用語が，時に一般的な意味で他者との関係を意味するものとして使われ，またある時にはクラインの理論や英国対象関係学派という特別な意味に使われたことの結果なのである（Kernberg, 1976）。

　他者との関係を重視した他の主だった理論として，ハリー・スタック・サリヴァン（Harry Stack Sullivan）によって提唱された「対人関係」論がある。この理論は他の精神分析理論と比較して，フロイト派の理論からより広範に逸脱していると通常考えられている。この理論は本能欲動理論よりも対象関係論にまだ近いものである。この理論の中心的な主眼点は，分析家と被分析者のその時の関係である。グリーンバーグとミッチェル（Greenberg and Mitchell, 1983）の論ずるところによれば，多くの対象関係論は欲動の上位性という疑わしい考えに対してリップサービスをしているに過ぎないのである。サリヴァン（Sullivan, 1953）は，一般に彼がそう信じられている以上に，古典的なフロイト派が「口唇」と呼んだ乳児期の欲動に注目した。彼はこの欲動を性的なものとみなさないことでフロイト派の理論と訣別し，性欲は思春期に生じると考えた。ジョージ・クライン（George Klein）が肉欲と性欲の区別をしたことが，性欲に関してフロイト派とサリヴァン派の和解の糸口となった。

　現在の対人関係論の総本山は，ニューヨーク市のウィリアム・アロンソン・ホワイト研究所である。ここで訓練を受けた分析家のグループは，フロイト派と対人関係論の統合に向けて研究を行っている。彼らは一般的に対象－関係論者もしくは単に関係論者と呼ばれ，近年新たに**『精神分析的対話**（Psychoanalytic Dialogues）**』**と呼ばれる機関誌をステファン・ミッチェル（Stephen Mitchell）編集で刊行している。

　精神・性的な空想の証拠は臨床的にはたしかに存在し，その証拠は説得力のあるものである。そういった空想が，しばしば主張されているように精神

病理において支配的な役割を演じているかどうか、またその退行的な再演や変形が神経症の解消に必要にして十分な基盤となるかはまた別の問題である。たしかに個人の性別についての不確かさや、自分が男性あるいは女性として不適切ではないかという恐怖は、人間の心理に遍在する特性である。問題は、それらが苦悩が生じる基盤なのか、それともそれらはより一般的な自尊や対人関係における不安の側面なのかということである。これを結論づけることを困難にしている一つの理由は、性という特定の領域での研究が非特異的な結果をもたらす場合があるからである。治療的な成功に付随して起きる考え方に疑問を呈することはとても難しいことである。そしてまた非常に多くの事柄が分析過程の中で扱われるので、中心的で動機づけとなるような要因を特定することが本当に難しいということも事実である。臨床的な経験のみに頼ることは極めて危険である。

　フロイト（Freud, 1910b）自身が欲動という言葉に関して言うことが一貫していなかったことを示す実例がある、「やさしさや謝意、貪欲さや反抗的態度、独立心などのような彼の欲動 [Triebe] は、**自身の父親になる**という一つの願望の中に満足を見出す」（p.173）。同様に、同じ時期にフロイトは、愛情は自己保存本能に由来するものであり、性欲に起源があるのではないとみなしている（p.180）。

　フロイトの言う性欲と攻撃性を補うもの、あるいはこれに取って代わるものとして、時あるごとに欲動の分類がさまざまに試みられている。ゲドーとゴールドバーグ（Gedo and Goldberg, 1973）は、動機の漸進的な成熟にもとづく精巧な階層モデルを提案した。ゲドー（Gedo, 1993）はのちにこのモデルをさらに練り上げ、コフート（Kohut）の理論の自己とはまったく異なる自己組織の概念にたどり着いた。動機づけの理論のもう一つの重要な一例は、ジョセフ・リヒテンバーグ（Joseph Lichtenberg, 1989）による研究である。彼は動機について五つの主要な分類を提案した、「（1）生理的な要求を精神的に調節しようとする欲求、（2）愛着関係を求める欲求、（3）探求や自己主張を求める欲求、（4）反対や撤退によって反対的に反応しようとする欲求、そして（5）官能的な悦びと性的興奮を求める欲求」（p.1）。

　リヒテンバーグに対する私の答えは以下の通りである。1）生理的な要求

を精神的に調節しようとする欲求は，心理学においては一次的な欲求ではないが，しかし当然ながらそのような生理的な要求の障害は神経性無食欲症のように心理的な問題から生じうる。2）愛着関係を求める欲求は，古典的なフロイト派の理論では性欲の派生物であるが，リヒテンバーグの分類ではそうではない。3）探求や自己主張を求める欲求（ホワイト［White, 1959］やグリーンバーグ［Greenberg, 1991］の「効力」動機を連想させるような）と反対的に反応しようとする欲求とはリヒテンバーグによって区別されたが，古典的なフロイト派の理論では前者は後者の派生物なのである。リヒテンバーグは，性欲は広い意味での官能性の一型に過ぎないとほのめかしている。すでに述べたように，ジョージ・クラインはこれに似たような提案をしている。ゲドーと同様にリヒテンバーグも，人が違えば違う動機が優勢となると示唆している。

コフートも彼の弟子たちも，動機づけに関する精神分析理論の明確な修正を企ててはいないが，彼らは愛着と自己主張は自律的な人間の動機であると明確に述べており，性欲の障害は愛着の病理的な表現であり，敵意は自己主張の病理的な表現であるとみなしているように見える。そして同様に，このような病理的な表現は自己の障害の結果とみなされ，通常は凝集すべき自己が断片化の危機にさらされていることを代償する作用と考えられている。映し返し（ミラーリング）や理想化，双子的関係を求める願望は，生得的な動機による努力を包含している。

そしてまた動機についてはいくつかの精神分析理論が提出されている。これらは，フロイトが動機を性欲と自己の保存に，つまり種の保存と個人の保存に分割したのと似た広い概念である。たとえばジェイ・グリーンバーグ（Jay Greenberg, 1991）は，動機を安全や個の生存，そして私が言及した効力，個人の才能の自由な表現などの広い範疇に分割している。ジョセフ・サンドラー（Joseph Sandler, 1983 ; Sandler and Sandler, 1983）もまた個人の安全の追求を強調している。もう一つのよく知られた分割は，自律性を求める欲動と他者との関係を求める欲動，すなわち独立と依存という分割である。コフートは，他者から積極的に自立しようとする努力を動機と考えたとして古典的な理論を批判した。彼の考えでは，成熟は他者に「成熟した」自己対

象を求めることを含んでいるからである。ホフマン（in press-a）は，グリーンバーグが動機づけの精神分析理論を強引に，単一で包括的で相反するものを一組にしようとしたと批判している。

　思い返せば，感情が動機づけの精神分析理論においてもっと直接的な役割を担っていないことは不可解なことである。精神分析理論の中では欲動と感情の関係は常に近いものなのである。フロイトは，感情を本能の二つのうちの一つと呼び，観念がもう一つであるとした。感情は何故もっと直接的に扱われないのだろうか？　仮にこの答えが，フロイトが一人の人としての人間と同様に生物学的な有機体としての人間をも主張することが重要だと考えていたことにあるとしたら，感情は本能欲動と推定されているものよりも明らかに身体的なものではないだろうか？

　成長にともなって次第に感情が分化し，それにともなって認知の発達も生じる。精神分析的な文献は，まず不安や抑うつや羞恥に焦点を合わせた。特定の感情を論じた論文は多数あるが，それらが包括的な感情の理論として体系づけられることはほとんどなかった。しかしながらわれわれはそういった試みをいくつかの論文で行っている。バッシ（Basch, 1976）は，トムキンス（Tomkins, 1981）の提唱した感情の分類を基礎にそのような理論を発展させた。カンバーグ（Kernberg, 1976）は，先述したように，精神機能の本来の構成単位は特定の感情によって結びつけられる対象表象と自己表象であり，最初はすべてがよいか悪いかなのだと提唱した。さらに最近では，チャールズ・スペザノ（Charles Spezzano, 1993）が感情を動機の中心概念とする重要な論文を書いている。

　いくつもある精神分析学派間の違いは，各々の動機づけの理論にある。古典派はすべての動機を性欲と攻撃性の派生物と考え，その根本は身体にあるとする。対人関係学派も含めたさまざまな対象関係学派は，他者との関係様式の保持を動機の中心と考える。そして自己心理学は，自己の凝集を保持することを動機の中心と考えるのである。それぞれの学派が多かれ少なかれ他の学派の中心概念を考慮に入れており，それらは各々の固有の中心概念の観点から理解されているのである。

　あれやこれやの特有の動機の記述において，古典的な精神分析の文献はあ

からさまな性と攻撃性の定式化を超えているにもかかわらず，すべての動機は二つの基本的な欲動の派生物であるという理論が，広範で詳細な動機についての評価を展開させる試みを長きにわたって押しつぶしてきた。そういった努力が心理学のアカデミックな論文の中に見出されていたにもかかわらずである。そうして臨床の中で分析家が取り扱うものは単なる性や攻撃性よりももっと特異な性質の動機であり，結果として分析家は歴史的に見て人の動機について公式の知識を持たず直感に導かれてきたのである。動機の範囲や順序についての心理学的な感受性は教わることができるのか，それともそれは専門的な訓練を受けるずっと前に決定されているのだろうか？　動機とは活動であると改めて概念化した，「行為言語」というロイ・シェーファー（Roy Schafer）の概念は，そのような感受性を育むのに有用であるように思える。それは人を突き動かすのは不確かな本能的な力だとする考えを廃止する取り組みというだけでなく，それぞれ個々の分析家が研究してきたさまざまな動機の集積を理解しようとする取り組みなのである。

　その後この章を最初に書いてから，私は『精神の適応的意図』というスレイヴィンとクリーグマン（Slavin and Kriegman, 1992）による非常に興味深い書物を知った。私が理解したところによれば，著者たちは自己保存と種の保存というフロイト独自の動機の区分にある意味で立ち返っている。しかしフロイトとは違い，彼らは性欲動による種の保存を動機の末端的な原因と考え，その基にあるものは愛他性として表現されると考えた。そして愛他性を敵意に対する防衛と考えるのではなく，彼らは自己保存と愛他性のどちらもが生来的なものと考えた。結果としてこの二つの葛藤は，精神内界にあると同時に，自己保存と他者に対する愛他主義的な動機の競合した関係の中にもあるのである。彼らは，自分たちの見解は欲動論と関係論の統合を可能にすると考えていたが，彼らの欲動概念は彼ら自身が古典的な欲動論の還元主義的な概念と考えていたものとは異なっている。彼らの見解は検討に値する。

　これに関して私は，一方では欲動からの，他方では環境からの相対的自律というラパポート（Rapaport, 1957）の概念は関連した考えであることを思い出した。彼は，欲動と環境との関係はどちらも彼の言うところの「装置」であり生来的なものであると論じた。欲動は病理的な環境への従属状態から，

環境との関係は欲動への隷従からというように，各々が他方への隷従から個人を守るのである。彼は相対的自律のどちらかのタイプの喪失がもたらす病理的な影響について概略を述べた。歴史的に注釈をつければ，彼の早すぎる死の時点での彼の関心の一つが愛他性の起源であったことをつけ加えておこう。

# 第9章

# 精神分析における身体

　フロイト派の分析家が患者の話を聞く際に重視しているのは，それが明示されていようが暗黙のものであろうが，身体に関してである。精神分析は解釈学だと述べることに対するお決まりの反応は，精神分析は科学たり得ないとするほのめかしに加えて，人間の心理において身体が大きな役割を果たすというフロイトの偉大な発見を解釈学的な視点が放棄しているというものである。私は必ずしもそうは思わないが，しかしこの点を明らかにするのは容易ではない。

　端的に言えば，問題はそれが身体そのものなのか，それとも人間の心理に関連するものとしての身体なのかということである。身体そのものというのは自然科学の考え方であり，身体の個人にとっての意味というのは解釈学的な考え方である。

　解釈学的な科学であるという点で，精神分析は必ずしもすべて心理学ではない。私はすでに，いわゆる自我心理学が精神分析を心理学にしようとした取り組みについて論じた。この取り組みは不幸な運命を辿ったと私は思う。

　エデルソン（Edelson, 1988）は記憶や知覚といった精神機能の存在を挙げ，これらは——ハルトマン（Hartmann）の自律装置とは対照的に——精神分析の領域ではないと論じている。そのような機能は願望や価値観などの影響を受ける可能性があり，それゆえ精神分析の関心を集めるのであるが，しかし身体構造における機能そのものはその限りではない。たとえば加齢による記憶力の低下は，個人がその人格にもとづいた特異的な形でそれに反応している場合を除いて，精神分析の対象ではない。われわれは今一度，生物学と心理学を区別することになる。

　この本の前半で私は，精神機能を議論する際に必ず考慮に入れるべき二つ

の要因として，生来的なものと経験的なものを分けて記述した。一般的には，精神分析理論において生来的なものは身体であるが，しかし少なくともスレイヴィンとクリーグマン（Slavin and Kriegman, 1992）にとっては環境への適応的な関係にも生来的な基盤があるのである。このことは，イドのみならず自我にも遺伝的要素があるとするフロイトの晩年の概念にすでに示唆されている。今やその特異的で古典的かつ物理化学的なフロイト流のメタ心理学を奪われた精神分析理論において，私自身もこの身体の概念を，性欲動や攻撃欲動を包含するような包括的な用語として使用する。

　性欲動に生来的な起源があることは明らかである。放出を要請するような攻撃的なエネルギーが生来的に蓄えられているか否かは論争の的である。いずれにしても，攻撃性を表現する能力は生来的である。

　精神分析理論は，生来的なものを一般的な身体の観点からではなく性欲の観点から議論する傾向が強い。フロイト派の分析家たちは，性欲に関する自分たちの視点，特に乳児期におけるこの視点が分析を他のすべての心理学体系とは別のものにしているとみなしている。フロイト派の性欲に関する視点はしばしば誤解されるが，フロイト派の理論において性欲が基本的でかつ最も重要なものであることは依然として確かである。フロイト主義は倒錯的で卑猥ですらある教義として酷評されてきたが，フロイト派は，自分たちは性欲に関する視点を伝統的な視点よりもさらに広げたのだと主張している。そしてこの拡大された概念には二つの側面があると考えられる。一つは，フロイト派は性欲を単なる身体的な用語とはみなさず，「精神・性的なもの」すなわち身体的な特徴と心理的な態度が複雑に合成されたものとみなしている。フロイトが性欲を非常に広い概念での愛情と同じものだとはっきりとみなしている文章がいくつかある。一方でフロイト派の性欲の概念は，性欲は生命の始まりとともに始まり，そしていくつもの前性器期を経るという視点で展開された。サロウェイ（Sulloway, 1983）がこれに異議を唱えたけれども，フロイト派も他の人たちも長きにわたって，乳児期の性欲に関する経験的な発見と概念的な体系化の二つはフロイトの最も偉大な功績であると信じている。フロイトはよく知られた後成的な――すなわち生まれつき決定された――性欲の発達順序を提案した。これは出生と共に始まり，主要な身体領

域に沿って口唇期，肛門期，男根期，性器期へと連続的に変遷するというものである。このような精神・性的な段階は，本来は特殊なリビドーのエネルギーの放出と考えられた。この放出は対象との関係の中で起こるけれども，この対象は人でなくてもよいし外的な世界の一部である必要すらない。しかし対象となりうる主体自身の身体を外的な世界の一部と考えるのであれば，これは例外である。最初の三つの精神・性的な段階はおおよそ5歳までの期間を構成するが，この5歳とは有名なエディプス・コンプレックスの時期である。この時期から思春期に性欲が再燃するまでの間は，程度はさまざまであるが，潜伏期と考えられ，性欲の身体的な発現が見られなくなり，社会活動や学業活動への「昇華」が生じるとみなされる。

　それぞれの機能様式や実体をともなった具体的な身体領域についての隠喩表現と，それらの領域に関する観念の隠喩表現の区別を明らかにしておくことは重要である。前者には，排泄物のため込みなどのような実際の身体的兆候がしばしばある。この身体的な兆候は，けちという人格特徴の隠喩表現になるかもしれない。一方で，心を腸と，そして観念を排泄物と考えれば，けちは観念を抑えるという形で表現されるかもしれない。これも隠喩であるが，身体的というよりむしろ観念化の一表現なのである。けちに関するこれら二種類の隠喩表現は，一つは身体的な活動に関するものでもう一つは精神活動に関するものであるが，古典的な精神分析的思考においても古典的な観点に対する批判の中でも，しばしば混同されている。精神は一つの身体である，つまり精神は取り入れたり，排出したり，浸透させたりするものだという空想は，実際の身体機能と誤解されてはいけないのである。

　古典的な分析家たちは，そのような空想の表現や性格特徴の形跡に対して実際の身体機能と身体の概念化の両方から注意を払っており，臨床研究においてそれらに多大な意義を与えている。しかし分析家は，具体的な身体機能の派生物として身体用語で表現されざるを得ない隠喩を用いることで，その隠喩的な精神機能を理解し損ねがちである。たとえば，ある人が自分の考えを隠し立てすることは必ずしも肛門の抑制をあらわす隠喩ではない。同様に，女性のペニス羨望は必ずしもペニスに対する具体的な願望ではない。それは男性の特権をあらわす隠喩かもしれない。そしてまた男性の特権への願望は，

必ずしもペニスへの具体的な願望の派生物をあらわす隠喩でもないのである。言うまでもなくペニス羨望は具体的なものと隠喩的なものの両方であり得る。古典的な分析においては，けちと肛門の抑制が一緒に生じるならば，肛門の抑制がけちをあらわす隠喩なのではなく，けちが肛門の抑制をあらわす隠喩と理解されているようである。古典的な概念ではこのように上位にあるのは身体であるが，しかし別の概念では性格特徴が上位にあるのである。さらに複雑なことに，**そもそも身体に根ざした自制はけちをあらわす隠喩となりうるものであり**，けちを肛門の抑制の唯一の派生物といつも見ることは解釈学ではなく，還元的な自然科学である。

　この二つの視座の違いが技法と密接な関係にあることは明らかである。レオ・ランゲル（Leo Rangele, 1991）は米国精神分析学会に対して「去勢不安は隠喩ではない」と断固として宣言し始めた。私は，去勢不安はペニスに対する隠喩的な関係と具体的な関係の両方だろうと考えている。もしペニス羨望に本当に具体的な意味と隠喩的な意味の両方があるとしたら，いずれか一方の可能性を分析家が扱い損ねることによって分析が不完全なものになるということは明らかであろう。おそらく私は時に身体をおろそかにしているとみなされているので，フランク・ロッシィ（Frank Lossy, 1962）が私にスーパーヴァイズを受けた（その時たしかに私は「古典的な分析家」だった）症例報告で賞を得たことを，誇りを持って述べておこう。そのケースでは分析の連続した諸段階が，身体的な隠喩表現が連続して概念的に表現されることによって示されたのである。私は今でもその分析は上手くいったと信じているが，しかし今ではそれらの空想の性格学的重要性により重きを置いている。

　私は雑誌『ニューヨーカー』の面白い（！）風刺漫画を思い出した。猫がネズミの穴の横で壁により掛かっており，その穴の中では，ネズミがメモを持って座っているのが見える。これは明らかに分析家と被分析者である。分析家のネズミが言う，「心配していませんよ。分析家をむさぼり食うという空想はよくあるものです」。この風刺漫画は分析状況における二者心理学的な特性と同様に，具体的なものと隠喩的なものについても鮮明に描き出している。フロイトが言っているように，直観はわれわれが苦労して再構成せね

ばならない深いところから生じるのである。これはおそらく，具体的な身体的兆候は隠喩であり得るけれども，身体に関する概念には具体的な意味か隠喩的な意味，もしくはその両方があり得るということを改めて述べることで明らかになるだろう。

　隠喩がしばしば表現される心理的な形態は，無意識的空想としてである。分析家でない人にとって奇妙に思えるような空想の典型は，女性は最初ペニスを有していたが何らかの悪事をはたらいたためにこれを取り去られたという女性の確信である。たぶん彼女がずっと「よい子」でいたならペニスを取り戻せるだろう。古典的な考えでは，そのような空想が人々の生活の中で主導的な役割を演じていると考えられており，これは一次過程の思考を示しているとされていた。非分析的な考えはそのような空想の存在を否定し，また古典的でない分析家は空想の存在は受け入れたが，これらが人格の発達において主要な病因としての役割を担うことは否定した。明らかに，空想の存在を否定する人々やその重要性を認めない人々は，自身の臨床の中でそれらを見つけようとしないようである。

　無意識の身体的空想に関連する精神分析のそういった側面は，極めて特異的でとりわけ精神分析的であり，自我心理学が優位となった1940年代と50年代には，私が先に述べたように，真に精神分析に特異的なものが失われるのではないかと心配する分析家もいた。現在，論文に見られる多くの症例報告が，身体についてまったく言及していないことは確かである。もっとも，他の多くの人たちが，他のことについてもごくわずかしか述べていないことも事実であるが。分析家の理論によって，彼が身体に帰する役割は自ずと決まってくる。たとえば自己心理学者は，顕著な身体的材料を自己の凝集にかかわる問題に対して二次的なものとみなす傾向がある。

　フロイト派の「物語」に関するシェーファー（Schafer）の記述はすでに紹介した。ここで，これには三つのまったく異なったカテゴリーが含まれていることをつけ加えたい。様式と実体を伴った身体領域，様式と実体をともなったこれらの領域を具体化するものとしての精神機能の概念，そして発達過程における家庭内の出来事である。

　フロイト派の物語に関するシェーファーの記述の3番目のカテゴリーは，

1番目と2番目のような身体領域に関するものとはまったく異なっている。シェーファーはそのような家庭内の出来事について，出生，死，転居，経済状態の変化，その他諸々と述べている。この3番目のカテゴリーの要因は非フロイト派による物語の一般的な項目であるが，フロイト派の物語は最初の二つを順次解明することによって特徴づけられ，そしてしばしば隠喩としての身体概念を知ることよりも具体的なものとして身体に還元されてしまう。隠喩としての意味がより重要な場合もあるのにである。シェーファーの言う意味での家庭内の出来事は，明らかにそのような出来事の心理学的な意味，つまり解釈学的なカテゴリーのことである。

　精神を，様式と実体を持つ諸領域が集まったものとして，陰喩として考えることは，言うまでもなく解釈学である。そしてその具体的な様式と実体を持った諸領域自体は，どのようにして心理学的に意味のあるものとなるのだろうか？　それには一者心理学と二者心理学に対応する二つの方法がある。

　二者心理学においては，身体機能はそれが心理学的な意味を獲得しうる対人関係の文脈で生じる。たとえば，もし両親が強く望み子どもがこれを拒む雰囲気の中でトイレット・トレーニングが行われたとしたら，腸管機能は対立の意味を持ち続けることになるだろう。腸管機能は対人関係の苦悩の隠喩ともなりうる。なぜなら腸管機能は，最初に苦闘が生じた具体的な領域，様式，実体を含むからである。

　ミッチェル（Mitchell, 1988）は近年，二者心理学の視点に関する重要な説を提示している。

> まず身体感覚，過程，そして子どもの早期の経験に影響するような出来事……2番目に，性欲が身体と欲求の相互浸透を引き起こすという事実によって，性欲の限りない多様性は自己や他者との関係における強い願望や葛藤，交渉などをあらわすのに最適なものとなる……3番目に，性的興奮の現象学における生物学的な強い高まり，「駆りたてられる」感覚は，葛藤や不安，強迫，逃避，情欲や歓喜などを含む力動の劇的な表現に自然な言葉を与える。4番目に，ひそやかさや秘密，排除によって，接近しやすいもの VS. 接近しにくいもの，明らかなもの VS. はっきりしないもの，表面 VS. 内部というよ

うに，対人関係の場を分裂させることに関していくつかの意味を持つようになる。性欲は，孤立や排除を克服するために接触を保とうとする情欲的な激しい苦闘をあらわしている [pp.102-103]。

　ミッチェルが身体から性欲へとひそかに議論を移行させていることは注目に値する。身体はもちろん，性欲を含んだより包括的な概念である。
　ホフマン（私信）は，ミッチェルの議論は身体機能を重要な対人関係的意味に限定しており，したがって一者心理学における身体の重要性を説明し損ねていると指摘している。たとえば，性の悦び自体を感じる性機能もないのだろうか？　この論点は，一者心理学と二者心理学の区別の一側面である。
　古典的なフロイト派は，解釈学的な立場は身体機能に注意が行き届かないと論じている。しかし必ずしもそうではない。解釈学的な立場では，身体は理論と実践の両方において注意を払われている。しかし解釈学的に重要なのは身体的な出来事の意味であり，身体それ自体すなわち生物学的な有機体としての身体ではない。解釈学的な立場の論者は，身体機能は個人の心理学的な意味の変化に応じてさまざまに変化するものだと考えている。たとえばホルモンの変化の結果として生じる心理状態の変化は，心理状態の変化がそれぞれの人にとって意味するものしだいで異なった反応を引き出す。ホルモンの変化は直接心理状態に影響するので，心理状態は直接生理学的に決定されると言えるかもしれない。しかしその心理状態がどのように体験されるかは個人の心理学的な問題である。不安時に放出されるアドレナリンを注射した実験では幾人かが，不安を感じていないことがわかっているにもかかわらずあたかも不安なように感じたと報告した。
　対人関係論者は，隠喩としての身体機能を含めて身体に究極的説明の役割を与えているという点で古典的な精神分析理論は還元主義だ，と考えた。解釈学的な立場に強く異を唱えたイーグル（Eagle, 1984）は，フロイトのメタ心理学は「遺伝的－生物学的枠組みによってある種の願望が普遍的に出現するだろう……生物学的な枠組みがある種の願望や目的，そして通常われわれが抱くような欲求を決定する」と主張することを主要な目的としている，と述べている（p.120）。たしかに，一般的な意味ではそれは正しい。たとえば，

生物学的にはわれわれはみな性的な願望を持っているが，しかし性欲の意味はわれわれ一人ひとりの心理学的な領域にある。それどころか，性的な願望が明らかに欠けているか，少なくともそれが何か認識されていないことさえある。イーグル（Eagle, 1984）は「ホルモンの分泌や視床下部の刺激のようなものがいわゆるわれわれの行動にどのように結びつくのか……それが究極的には生物学に根ざしたフロイトの考えの核なのである」と記述している（p.120）。

　私はこの主張は妥当でないと考えている。フロイトの精神分析概念が「究極的には生物学に根ざしている」ことは確かだが，この生物学的な基盤がいかにして心理学的に意味のあるものになるかということにフロイトの関心が向けられていたというのは誤りである。フロイト（Freud, 1925）は，精神分析は不安を伝える神経には興味がないと記述している。イーグル（Eagle, 1984）は，臨床的理論のみを重視するという立場が精神分析を動機や理由や目的に限定しているが，これらは「より深い説明を必要とするデータ」であると論じている（p.149）。より深いという言葉で彼は何を意味しているのだろうか？　彼は単に生物学的な素地を意味しているだけである。というのも彼は「臨床の文脈において解釈的な説明は願望や目的，感情などの個人的な言葉を使用するかもしれないが，これらの願望，目的などを理論的に説明するのに同じ用語や同種の概念を使用する必要があるとするのに十分な理由があるわけではない」（p.152）と論じているからである。しかし精神分析を語る上で自然科学レベルの話を排除することには一つ十分な理由が*ある*のである。フロイトは，自身が意識的精神作用を記述した際に用いた用語，すなわち願望，目的，感情という言葉で無意識の精神状態を説明できると仮定して，そのような排除を行なった。

　これは身体と精神の相互関係のあり方を探求することの重要性を否定するものではなく，それが願望や目的，感情の領域にある限りにおいて精神分析がその相互関係の解明に役立つということである。それによって心理学と生物学の相互関係の中の心理学的な面は明らかとなるが，しかしそれは願望や目的，感情に関する「深い」意味を見出すことではない。それはそれらに形を与えるような生物学的な枠組みを見出すことなのである。ミュージカルは

アナログで録音されようがデジタルでされようが同じ意味を持っている。このような具体化の形式のいずれかを探究しても，またそれぞれの形式が生じさせる音波の中にも深い意味は見出せないのである。

フロイトが生物学と心理学の関係がどのように発展すると見ていたかは，分析家の役割が薬理学的要因とされるものを心理学的な手段で発見することだけになる日がいずれ来るかもしれないと示唆している中に垣間見える (p.436)。

## 欲動，自我，対象，自己，そのいずれが上位概念か

競合する精神分析の諸学派に関して注目すべきことは，皆が同じ種類のものを扱っているということである。フレッド・パイン（Fred Pine, 1990）はこの事実に気づき，『欲動，自我，対象，自己』というまさしくそれを文字通りタイトルにした本を書いた。タイトルに並べた四つのものは精神分析のすべての学派が認めているものだ，というのがパインの見解である。それぞれの違いは，この四つがどういう順序で配置されているかということにある。彼の考えでは，そのヒエラルキーはすべての人において同じである必要はなく，何か重要な心理学的現象は四つのすべての問題の中に認められ，分析過程のいずれの時点においてもどれに一番注意を向けるべきかを決定することが分析家の手腕なのである。ゲドー（Gedo, 1981）とリヒテンバーグ（Lichtenberg, 1989）もまた，人生の時期や分析の段階によって優勢となる動機が異なると述べた。このヒエラルキーが変化するという概念は，それ自体は構成主義的ではないけれども，構成主義的な視点と矛盾するものではない。

これらの理論家たちに従えば，分析素材はいつでも自我－イド，対象関係，あるいは自己のいずれか一つに関係したことのみを指し示しているわけではないのである。むしろどの時点においてもこれらのうち一つが前景に立ち，それ以外は背景に退くだけである。言うまでもなく治療者の臨床的な判断が，何が前景で何が背景かを考える時に重要な役割を果たすだろう。やはり治療者が構成することが重要なのである。こういった視点で考察することは価値

のあることである，さまざまな学派の支持者たちによる一般的な反応は，パインとその同僚たちはいずれかに決定的に賭けることを避けたいと願って折衷技法を支持している，というものだけれども。

　四つの学派それぞれの通常の立場は，その立場が重視しているものが説明の根本的な基礎であり，他のものは真の説明に至る前段階としてあらわれる，というものである。古典的理論は，いくぶん過度に簡略化すればやはりイドもしくは欲動の理論と呼べるが，その中で自我心理学は精神分析理論の固有の部分である。対象関係論や自己心理学は価値ある貢献をしてはいるが，フロイトの基本的なイド－自我心理学に統合されなければならない。ところで基本的だとして容認されているものが，フロイトが明瞭に名づけた精神分析のそういう側面，すなわちイドと自我の心理学であるということは偶然ではないかもしれない。（私はフロイトが自我の中に超自我を区別したことを見落としているわけではない，自我心理学という用語が本来意味するところは自我－イド－超自我構造の心理学なのである。）

　フロイトは自己愛に関する論文において，ほとんど自己の心理学について述べるところまできていた。彼がこの論文で自我という言葉を使用した多くの箇所で，自己という言葉を使用する方がはるかに適切なことに注目すべきである。先に述べたようにホフマン（Hoffman, in press-a）は，古典的なエネルギー放出の理論はこの論文では風前の灯火であると言っている。自己を意味するドイツ語はSelbstである。この言葉はこの論文の中で，「自己満足」「自分自身」そして「自尊心」といった形で7回出てくる。自分自身を意味するEigene personは2回出てくる。自己という言葉は「本能とその運命」（Freud, 1915）の中にも見出される。これに関して特に注目すべきは次の一節である，「このようにわれわれは，愛情や憎しみの態度は，本能と対象の関係のために利用されることはなく，**自我全体**［gesamt ich］と対象の関係のためにあるということに気づいたのである。」（p.137）。

　対象関係論と自己心理学は似かよった立場をとっており，イド－自我について考えることは重要だが，それらはそれぞれ対象関係，自己という観点から理解されるべきであるとしている。対象関係論者は，欲動は必ずや対象関係の中で表現されると論じており，一方自己心理学者は，欲動は揺らいでい

る自己を強化する取り組みという文脈においてのみ病理において重要な役割を果たすと論じている。

　それぞれの学派は他の学派の批判に対して，自分たちは他の学派が主要なことだと考えるものに実は注意を払っていると主張することで応じている。それにもかかわらず，各々の学派から提供される症例報告を注意深く検討すると，他の学派が主要なこととみなすものに対してはほとんど注意が払われていないことが明らかである。ゴールドバーグ（Goldberg, 1978）が編集した自己心理学の症例集は，明らかに身体について十分に考慮していないように私には思える。

　精神分析理論とは異なる精神力動論は，自我，対象関係そして自己の問題を扱い，イドあるいはより広く言えば身体は扱わないということを強調しておくことは重要である。この意味で身体的な問題を強調するのは精神分析に特有のことであり，これによって，身体的な問題に注意を払わない，もしくは身体的な問題を主要なものとみなさない，いかなる体系も精神分析ではない，すなわち少なくともフロイト派の精神分析ではないと古典的な分析家が考えていることが理解できる。私はこれがシェーファー（Schafer）の記述した**フロイト派**の物語に暗に示唆されていると考えている。シェーファーは構成主義的な叙述を重視したにもかかわらず，**フロイト派**の物語を最も有効な物語と考えているようである。

　それでは私の立場はどういったものなのか？　私の見解は，たとえ欲動，対象関係そして自己のすべてが考慮に入れられても，もし対象関係や自己が欲動よりも上位と考えられたならば精神分析の理論と実践は完全に改変される——それらは古典的なモデルとは根本的に異なるものとなる——というものである。私は自己の概念は重要だと考えているが，コフート派の自己心理学を検討すると私が自己心理学者でないことは明らかである。私は，古典的な分析家は分析状況の二者心理学的な本質を見落としているという悔悟への反動から，対象関係論者だった時期があった。自己心理学の臨床家は身体に関する問題に十分な注意を払うことを怠りがちである。さらに例を挙げれば，シェーンズ（Shanes, 1993）による症例呈示とポール・トルピン（Paul Tolpin, 1993）による討論が引用できる。通常自己心理学者と考えられてい

るハワード・バカル（Howard Bacal, 1993）によるもう一つの討論は，その症例を説明する上で自己の問題を優先してはいるが，身体的な問題をたしかに考慮に入れている。

　ここ数年は，「共通基盤」すなわち異なる学派の精神分析家が共有するものに関する論文が議論されている。ワラーシュタイン（Wallerstein, 1988）は，どんなにメタ心理学——それぞれの学派の理論的構造——が異なったとしても共通基盤は臨床的実践に根ざしているという見解を表明している。この見解は，理論が実践の中で担う役割を過小評価しすぎているように見える。分析家が何に焦点を合わせるかは自身が頼る理論に左右され，一方で分析家が何に直接的かつ中心的に焦点を合わせるかが分析の実践に影響するのである。

　シェーファー（Schafer, 1993）は，学派間の相違は考慮すべきであるが，そのような複数主義の「マイナス面」として，分析家が異なる理論体系をごちゃ混ぜにして混乱すると考えた。ゴールドバーグ（Goldberg, 1988）は，自我心理学を正しく評価するためにはまず誠心誠意それを実践しなければならないと主張している。しかしながら長きにわたって分析家は，自分自身が分析を受けない限り真の分析の価値を見極めることはできないとする立場を保っている。たしかにそのような議論は，無神論者は神の存在を経験したことがないだけだという議論と同種のものである。シェーファーはまた，すべての分析家が賛同するような最高の理論体系を探究することに反対しているが，それは一致を求めることで誤った方向に導くことになると考えているからである。

　それぞれの学説の支持者たちは，しばしば他のすべての学説に自分たちのそれが取って代わり，他の学説はせいぜい補助的な役割を担うだけになることを望んでいるようである。私自身は，個々の立場によりヒエラルキーのどこが強調されるかが異なるとしても，いくつかの主要な体系が一般的な体系の中に収まる日がいつか来ると考えている。しかしながら，分析家の理論的な好みや性格が分析過程に影響を与える重要な因子にはなるであろう。患者の神経症が自発的に展開するという考えは神話である。私はまた，特定の患者に潜む同じように重要ないくつかの問題が誰か有能な分析家によって明ら

かにされるだろうと考えている。

## 研　　究(リサーチ)

　精神分析に関する研究(リサーチ)は多くの複雑な問題をはらんでいる。そして研究の欠如がよく批判されている。この欠如は，精神分析の理論や実践において進歩がないことを意味しているのだろうか？　フロイトに端を発する変化について，われわれはどう言えばよいのだろうか？　局所論から構造論への移行は進歩なのだろうか？　それは研究の成果なのだろうか？　自己心理学が欲動心理学を軽視していることは認めるとしても，自己心理学ははたして進歩なのだろうか？　一元的見解から複合した一元的－二元的見解へという，このモノグラフで述べた変化は進歩なのだろうか？　それらは研究の成果なのだろうか？　新たな知識を導くものなら何であれ研究と言ってよいものなのか，それともそれが研究と呼ばれるにはたしかな方法論が確立されねばならないのだろうか？

　自然科学における研究は，科学的な方法論と呼ばれるものを厳守することで定義されるようになっている。まず最初に仮説が立てられるが，多くの例ではそれらは思いがけないものであり，定められた体系的方法論の結果というよりもむしろ優れた研究者の直観的な勘のように思われる。そして何よりもまず，論理を働かせて，どのようなデータが仮説を証明するために必要であるかが決定されなければならない。対照群も必須である。単に仮説が正しいかどうかを結論づけるだけでなく，結果が偶然の産物でないことを確認するために精緻な統計学的方法が発展してきた。そして，科学者集団がその仕事を真剣に取り上げるには，偶然がどこまで除外されなければならないかという原則が存在している。

　精神分析はそのような研究と言えるだろうか？　精神分析においては何が証拠(エビデンス)となるのか？　私は，転移を再定義する自分のモノグラフを出した時に二つ目のモノグラフにセッションの逐語記録を添えたので，それが私の仮説を論証するか少なくとも説明するだろうと考えていたが，著名な同僚が私が何の証拠も提示していないと主張したことを覚えている。私は，別の著名

な同僚から，私に説得力があるが故に私の見解は危険なのだと言われたことを思い出す。彼は，私の研究に賛同が得られたのは，その考え自体の価値というよりも私の個人的資質によるのだと感じたようである。

　私はすでに，精神分析の視点が自然科学的かつ実証主義的というよりも解釈学的かつ構成主義的だということが，精神分析は結局のところ科学たり得ないということを意味するかどうかについて論じた。われわれが何かを科学と呼ぶかどうかは，単に外延的な意味だけでなく，多くの内包的な意味に関係している。結局，われわれが関心を持つのは，精神分析が科学と呼べるかどうかではなく，人類の知識において精神分析が漸進的な進歩を遂げると主張できるかどうかである。しかしそれをどのように測ればよいのだろうか？

　精神分析には容易に測りうるような面もいくつかある。重要なものと正確なものの間には常に矛盾・対立が存在する。暗い路地で鍵をなくしたにもかかわらず，街灯が明るいという理由でわれわれはその街灯の下で鍵を探すだろうか？　われわれは分析家や被分析者によって話された具体的な言葉に重きを置き比較するが，それでどうなるのか？　分析家が話す一言がとても重要な意味を持つことをわれわれは知っている。しかしそれは，それが切り離された言葉であるか相互作用全体の一部であるかなど，話された文脈いかんによって重要なものとなるのではないだろうか？

　過程に関する研究と成果に関する研究は，分けて考えることが通例となっている。保険会社が分析に対する支払いを渋ることが増えてきたので，精神分析の価値を成果に関する研究から証明せねばならなくなっている。しかし成果をどのように測定したらよいのだろうか？　精神分析がもたらす構造的な変化は，おそらくあまり効果的でない心理療法がもたらす変化が比較的容易に失われることと対比して語られることが多い。「マネジド・ケア」に関してどのような不満があろうと，それを言い立てるか我慢するかという難問に挑戦するのは有益である。

　成果に関する研究は，過程に関する研究と共に評価しない限り，その有用性に限界がある。改善の事実は，いかなる尺度においても，その改善がどのように生じたかという研究なしには語れないのである。葛藤の解決によって導かれる洞察をともなう治癒と対極をなす「転移性治癒」に関するわれわれ

の考えは，すべての分析における新たな経験の役割の認識によってより複雑なものになっている。

　成果に関する研究では，対照群と統計的評価という一般的な方法を用いることができるかもしれないが，デヴィッド・マラン（David Malan, 1963）によるタヴィストックでの研究は，有効な成果研究には個々の症例について治療の前と後の状態を比較するのが一番よいであろうと提唱している。分析は長い過程であり，これが成果研究をさらに難しいものにしている。おそらく，患者の最後の結果だけを研究するのではなく，分析過程に沿って患者の状態を研究することで分析の長さという問題を軽減することができるだろう。私が本書で述べているような種類の精神分析療法こそ成果（そして過程）に関する研究を容易なものにするであろう。分析家の間には，長きにわたりごくわずかな変化しかみられないことと最終的なよい結果とは矛盾しないという確信が以前からずっとあるようだ。しかし私は，私自身が定義した分析状況がたしかに存在するか，少なくとも漸進的に発展しているのでない限り，ごくわずかなことしか起きていないのに良い結果を期待するのは合理的でないと言いたい。

　ハートヴィグ・ダール（Hartvig Dahl, 1988）が長きにわたって主張しているように，過程研究への第一歩は，そのための方法を発展させることに専念することである。その価値を立証されていない方法でもって大規模な研究を行うよりも，そのような方法を発展させることにエネルギーを注ぐ方が良いのである。もちろん既知の方法で行う試験的研究〔パイロット・スタディ〕は，その方法の価値を確立するために必要である。

　私の意見では，過程研究はセッションの会話の録音にもとづいてなされるべきである。私は録音を書き起こしたもので十分だろうと考えている。これによりもちろん声や動きなどの非言語的な手がかりは失われるだろうが，しかしそれらの手がかりは何が起きているかを把握しようとする評定者にとって必ずしも必要なものではないと私は考えている。治療者が何が起きていると考え，そして何を何故したのかという報告が過程研究をよりよくするために必要かどうかに関しては，私はどちらとも言えないと思う。一方で，スーパーヴィジョンの中でスーパーヴァイジーが何が起きていると考え，そして

なぜ彼がそう考え，彼が何をして何をしなかったのかの報告を受けた時，私には何が起きているかがより良く理解できる。他方ホフマンと私（Gill and Hoffman, 1982 ; Hoffman and Gill, 1988a, b）は，患者が関係をどう経験しているかを研究するためにわれわれが発展させた方法は，録音を起こしたものを研究するだけだった時ですら有益な結果をもたらしたという結論を得ている。(せっかく方法を発展させたにもかかわらず，われわれのどちらも気質や傾向のゆえか，それ以上その方法を研究に用いなかったが，それを用いて将来有望な研究を行った者［Horwitz and Frieswyk, 1980 ; Church, 1993］もいる。)

　欲動，自我，対象，自己のうちどれを選択するかはもちろん，過程研究にとって重大な問題である。われわれは，精密さよりも重要性に焦点を当てた自分たちの結論に沿って，そしてまた相互作用に対するわれわれの関心に沿って，患者が関係をどう経験するか——これは通常転移と呼ばれるものの異なる見方だが——を研究した。もし欲動，自我，対象，自己といった概念を用いるのであれば，それを判断し評価する人は精神分析的な知識を持っていなければならない。過程研究におけるもう一つの大きな問題は，判断する人が取り組む単位（ユニット）を決定することである。この問題もまた，重要性 VS. 精密さの問題をはらんでいる。一つの単語から１回のセッションに至るまで，さまざまな単位が用いられている。あるグループの評定者が分析の単位を決定し，他のグループがこれらのあらかじめ決定された単位を評定するのが便利だということになるかもしれない。

　相互作用は繰り返し生じるので過程研究の見通しは明るくなる。このことは，治療者は特徴的な相互作用についてそれが何度も繰り返されないかぎり認識できないようだという臨床的な知恵と一致している。スーパーヴァイザーは通常，相互作用を扱い損ねたスーパーヴァイジーに対して「心配することはない。また同じことが起きるよ」と言うであろう。

　過程を適切に研究するためには１回ごとにセッションを研究すること，そして固有の連続性の中でこれを研究することが必要だと考えると，長い分析を研究することは本当に手に負えないものになってしまうだろう。しかし相互作用は繰り返し起こり，しかも分析家はいつもそれに意識的に気づいてい

るわけではないことがわかっている。これによってサンプリングが可能になる。評定者が分析から無作為抽出されたセッションを正しく順に並べられるかどうかを見る興味深い方法が報告されている。それができないということは，その分析が混沌として進歩のないものであることを示唆している。単独のセッションに焦点を合わせると評定者を誤らせることもある。患者と分析家が繰り返される現象に対するキャッチ・フレーズを発展させていて，一つのセッションを見るだけの評定者にはその言葉が理解できないことがあるからである。

　過程を研究するにあたってもう一つの重大な問題は，分析家の介入に対する患者の反応は直ちに現れるものではなく，いくぶん後にあらわれるかもしれないということである。さらに言えば，これは介入への反応だけでなく，明示的というよりむしろ黙示的な相互作用にも適用されるので，精神分析的に訓練された評定者がぜひとも必要とされるのである。

　できれば，過程に関する多くの研究者たちを一箇所に集め，一つの研究のための基金を獲得し，各々の研究方法を同じ臨床素材に適用してみることが望ましい。残念ながらフルタイムの研究者に対するポストが少ないこと，そしてそのような研究には本来フルタイムの研究者が必要であるとの認識がほとんどないことが，過程に関する研究の，そして分析における体系的な研究の支障となっている。現在，精神分析の威信が衰退しているので，体系的な研究への見込みはすぐには改善されそうもない。

　コンピューターの発達により新たな種類の研究の可能性が生じている。コンピューターは大量の単語を迅速に整理することが可能なので，臨床的な現象の索引となるような語を発展させたり，また分析治療における膨大な言語データをより迅速に調べることができるかもしれない。もちろんそのような研究には，熟練した臨床家による同じ素材の研究が必要になる。この方法による研究はダール（Dahl）が先駆者となってドイツのウルムにおいて行われ（Dahl, Kächele, and Thomä, 1988），またアメリカのヴィルマ・ブッチィ（Wilma Bucci）によって引き継がれている。

　精神分析の解釈学的——構成主義的——相互作用的な視点が体系的な研究を実現不可能にしていると結論づけるのは誤りである。患者と分析家の間の

相互作用を患者の精神状態による変化と結びつけて微細に研究することで反復的なパターンが必ずや明らかとなり，競合する理論間で結論を得ることが可能になる。そのような研究なしでは，分析は異なる理論の支持者たちがそれぞれの主張を繰り返し，解決の望みがないということになり，破滅してしまうだろう。しかしこれは変化がないことを意味しているわけではない。新たな概念がゆっくりと専門家たちの中に浸透することによって変化が生じる，ということを意味しているのである。ところが世間はそれ以上のものを要求する。特定の主張に対する体系的な確認を求めるのである。しかし分析は，単に外的な圧力によってではなく，自らの科学的な進歩のためにそのような研究を支持するのである。デヴィッド・ラパポート（David Rapaport）は，成功するためには少しのことを得るために多くのことを試さなければならない，と述べている。

　精神分析には，体系的な種類のものと臨床家による研究の2種類の研究があることを繰り返し述べてこの章を終えたい。精神分析的実践，理論におけるすべての進歩は――もしくはもっと慎重に言えばすべての新しい概念――は，後者から生じるのである。他の心理療法もまた体系的な研究からの影響を受けてはいないのだが，行動療法家の中には自分たちの方法論が研究室で生まれ，そこで妥当性が確認されていると誤った主張をする者もいる。

# 第10章

# 結　　論

　自然科学から解釈学への，そして実証主義から構成主義への変遷は，フロイトの物理エネルギー構想に取って代わる新たなメタ心理学を形成する。この変遷は，理論が真理に対応しているか否かよりもむしろ首尾一貫性を持つか否かを重視しており，この二つはしばしば明瞭に二分される。構成主義の理論を奉じる者があたかも対応理論者のように機能するという実践的視点は，かなり強引な考えに見えるかもしれないが，しかし臨床家には必要な姿勢である。この姿勢が研究，特に体系的な研究に与える影響は，まだ結論づけられていない。どのようにして仮説の妥当性が検証されるかが明らかでないのである。
　より具体的には，精神分析は一者心理学としてではなく，一元的でかつ二元的な特徴を兼ね備えた状況として理解されるべきである。欲動と対象関係の両方に注意を払うべきだと言ってもよいかもしれない。しかしここで言う欲動は，フロイト派のメタ心理学における欲動の概念ではない。より一般的に言えば，生来的なものと経験的なものは常に一緒に作用しているのである。二つの間の関係は単に付加的なものではなく，フロイトの相補的な考え方におけるように，構成主義的なパラダイムにおいては二つが互いに他を形作るのである。心的現実と物質的現実の区別は，依然として最重要事項である。ある事象は，それが当事者二人に対して持つ主観的意味が探究されるまでは，精神分析的に理解されることはないのである。
　分析状況は二人の当事者間の継続的な相互作用である。技法において最も重要と考えられるのは，この相互作用の探究である。従来受け入れられていた転移の概念は，解釈学的――構成主義的――相互作用的なモデルによって改めて定義し直されることになる。転移は，被分析者の対人関係におけるい

つものパターンの結果として対象である分析家との経験が歪曲されたものと定義されるのではなく，その関係における被分析者の妥当な経験とみなされるようになる。転移は，「いま－ここ」の相互関係に対する当事者双方の寄与にだけでなく，各々の過去の経験にももとづいている。同様に，逆転移は，「いま－ここ」の相互作用に対する両当事者の寄与にだけでなく，各々の過去の経験にももとづく関係を分析家がどう経験するかということである。

相互作用の分析は技法の中核的な要素であるが，そのような分析はしばしば患者の発達を明らかにすることにつながる。そしてその発達は段階的に発展，変化する物語の中で明らかにされる。この物語は両当事者によって構成されるけれども，実践的には被分析者の実際の発達とかなり類似しているとみなされている。分析過程は，前進と退行の弁証法であるとみなしうる。

しかし，定義し直されたのは転移だけではない。主要な分析的概念が，解釈学的－構成主義的な枠組みから何の影響も受けないとは思えない。自由連想と抵抗は一緒に構成されるのである。中立性はもはや客観的で関与しない分析家を意味するのではなく，相互作用への自身の寄与すなわち定義し直された逆転移に持続的に注意を払いつつ情緒的な関係を維持する分析家を指し示す。変化をもたらすのは単なる洞察ではなく，新たな経験の文脈における洞察なのである。この洞察は，新たな経験が古い経験とどう異なるかについてだけでなく，被分析者が発達上の経験によってどのように形作られてきたかについての洞察なのである。

相互作用が不可避であることが認識されることで分析家は自由となり，相互作用に巻き込まれることへの恐れから誤って過度に自制していたのに比べて，ずっと自発的となる。多くの相互作用は無意識的なので，のちに振り返ることによってしか認識されないのは当然のことである。抵抗は中核概念として残っているが，主として衝動の抑制と考えられるのではなく，主としてコミュニケーションとして理解されるべき相互作用への寄与とみなされる。

分析過程は，これは分析状況とも呼べるかもしれないが，相互作用が中心にあること，双方がそれに寄与すること，そして治療の目標は患者の寄与および分析家の寄与に対する患者の経験を理解することだという考えを当事者双方が受け入れている時に存続すると言えるかもしれない。分析家の役割と

して，分析家は心を開いてそして真剣に分析家の寄与に対する被分析者の見解を考えるだろうけれども，分析家の寄与に対する患者の見解に必ずしも同意するわけではなく，また自分自身の経験や力動を表明するわけではない。しかし患者は，意識に上った経験を可能な限りすべて表明すること，そして分析家の見解が自分のものと異なったとしてもそれを十分に考えることを約束する。この重要な点において，分析状況は非対称的なのである。

　私は，たとえ一般的な正統精神分析よりも頻度が少なかったとしても，分析状況は発展すると論じた。もっと重要なことは，私は，治療者はほとんど常に分析状況を作ろうとしてみるべきだと考えている。もしも特定の患者に対してそれが明らかに不可能だと判断した時にははっきり支持的療法に頼るべきだが，治療者はこの点について早計に判断すべきではないし，簡単に諦めるべきでもない。これは私の経験だが，治療者はしばしば，相互作用を探究することを嫌う患者に容易にうんざりさせられ，分析状況を発展させられなくなる。多くの治療者がこの点に臆病であるが，これは治療者が，相互作用は不可避に，いたる所に存在するということを理解しない人たちによって相互作用禁止の呪文をかけられているからである。

　私は，もし治療者が精神分析を実践するならば，それが正統精神分析であろうと，変更された外的な要因をもって着手しなくてはならないような治療であろうと，分析家としての治療者のアイデンティティは守られると考えている。このようにして治療者は二つの対をなす危険，すなわち一方で堅苦しい分析的な慎みを「精神療法」の中に維持しようとする危険，他方では分析されていない相互作用を故意に正統精神分析に持ち込むという危険，を回避するだろう。私は，自分がこのモノグラフで述べた治療形態は，外的な設定が改変されても「精神分析療法」と呼ばれるべきだと提案する。たしかに「精神分析」は，頻繁なセッションやカウチの使用などをともなって精神分析的治療に利用され続けられるだろう。私は，一般的に実践されている精神分析的精神療法と私が定義した精神分析療法の区別が説得力のあるものとなることを期待している。

　そして最後に，精神分析の威信や実践の衰退は，社会的そして経済的な多くの理由があるとは言え，体系的な研究が欠けていることが主要な要因だと

私は確信している。繰り返しになるが，われわれは自分たちの分野が進歩することで満足するかもしれないが，精神分析は，人間の知識や治療において，その主張を体系的に証明することを求める西洋文明の要求に応えることを拒む唯一の重要な領域である。精神分析の体系的な研究に大きな障害があるのは真実だが，われわれの研究のうち哀れなほど少ない割合ではあるが，競合する主張をよく知った上で選択することを可能にするような方法の発展に捧げられているものもある。私は，レオ・ストーン（Leo Stone, 1961）が人間の心と頭脳により行われる仕事と特徴づけた注意深い分析の実践から学んできたことや，また現在学んでいることの重要性を過小評価するつもりはないのである。

## 参考文献

Alexander, F. (1956), *Psychoanalysis and Psychotherapy*. New York: Norton.
Apfelbaum, B. (1966), On ego psychology: A critique of the structural approach to psychoanalytic theory. *Internat. J. Psychoanal.*, 47:451-475.
\_\_\_\_ & Gill, M. (1989), Ego analysis and the relativity of defense: Technical implications of the structural theory. *J. Amer. Psychoanal. Assn.*, 37: 1071-1096.
Arlow, J. (1975), Discussion of paper by M. Kanzer, The therapeutic and working alliances. *Internat. J. Psychoanal. Psychother.*, 4: 69-73.
Aron, L. (1991), Working through the past, working toward the future. *Contemp. Psychoanal.*, 27:81-109.
Bacal, H. W. (1993), Sharing femininity-An optimal response in the analysis of a woman by a woman:Commentary on the Shanes' case study of Kathy K. In: *The Widening Scope of Self Psychology: Progress in Self Psychology, Vol.9*, ed. A. Goldberg. Hillsdale, NJ:The Analytic Press, pp. 81-85.
\_\_\_\_ & Newman, K. (1990), *Theories of Object Relations: Bridges to Self Psychology*. New York: Columbia University Press.
Balint, M. (1953), *Primary Love and Psychoanalytic Technique*. New York: Liveright.
\_\_\_\_ & Balint E. (1939), On transference and countertransference. *Internat. J. Psycho-Anal.*, 20: 223-230.
Basch, M. (1976), The concept of affect: A reexamination. *J. Amer. Psychoanal. Assn.*, 24: 759-777.
Berger, L. (1985), *Psychoanalytic Theory and Clinical Relevance*. Hillsdale, NJ: The Analytic Press.
Bergler, E. (1938), On the resistance situation. *Psychoanal. Rev.*, 25: 170-186.
Blum, H. (1986), Countertransference and the theory of technique. *J. Amer. Psychoanal. Assn.*, 34: 309-328.
Bollas, C. (1987), *The Shadow of the Object: Psychoanalysis of the Unthought Known*. London: Free Association Press.
Bowlby, J. (1969), *Attachment and Loss*. New York: Basic Books.
Brenner, C. (1969), Some comments on technical precepts in psychoanalysis. *J. Amer. Psychoanal. Assn.*, 17: 333-352.
\_\_\_\_ (1979), Working alliance, therapeutic alliance, and transference. *J. Amer. Psychoanal. Assn.*, 27: 137-158.
Breuer, J. & Freud, S. (1893-1895), *Studies on hysteria. Standard Edition, 2*. London: Hogarth Press, 1955.
Bruner, J. (1993), Loyal opposition and the clarity of dissent. *Psychoanal. Dial.*, 3: 11-20.
Busch, F. (1993), Some ambiguities in the method of free associarion and their implications for technique. Presented at meeting of American Psychoanalytic Association, May.

Church, E. (1993), Reading the transference in adolescent psychotherapy: A comparison of novice and experienced therapists. *Psychoanal. Psychol.*, 10: 187-205.

Curtis, H. (1979), The concept of therapeutic alliance: Implications for the "widening scope." J. Amer. *Psychoanal. Assn.*, 27: 159-192.

Dahl, H., Kächele, H. & Thomä, H., ed. (1988), *Psychoanalytic Process Research Strategies*. New York: Springer.

Dewald, P. (1972), *The Psychoanalytic Process*. New York: Basic Books.

Dickes, R. & Papernik, D. (1977), Defensive alteration of consciousness: Hypnoid states, sleep, and the dream. *J. Amer. Psychoanal. Assn.*, 25: 635-654.

Dilthey, W. (1924), Ideen uber eine beschreibende und zergliedernde Pscholagie. *Gesammelte Schriften 5*. Leipzig: Teubner.

Dowling, S., ed. (1991), *Conflict and Compromise: Therapeutic Implications*. Madison, CT: International Universities Press.

Dupont, J., ed. (1988), *The Clinical Diary of Sándor Ferenczi*. Cambridge, MA: Harvard University Press.

Eagle, M. (1984), *Recent Developments in Psychoanalysis*. New York: McGraw-Hill.

Edelson, M. (1988), *Psychoanalysis: A Theory in Crisis*. Chicago: University of Chicago Press.

Eissler, K. (1950), The Chicago Institute of Psychoanalysis and the sixth period of the development of psychoanalytic technique. *J. Gen. Psychol.*, 42: 103-157.

_____ (1953), The effect of the structure of the ego on psychoanalytic technique. *J. Amer. Psychoanal. Assn.*, 1: 104-141.

_____ (1963), *Goethe: A Psychoanalytic Study, 1775-1786*. Detroit, MI: Wayne State University Press.

Epsrein, G. (1976), A note on a semantic confusion in the fundamental rule of psychoanalysis. *J. Philadelphia Assn. Psychoanal.*, 3: 54-56.

Fast, I. (1992), The embodied mind: Toward a relational perspective. *Psychoanal. Dial.*, 2: 389-409.

Fenichel, 0. (1941), *Problems of Psychoanalytic Technique*. New York: Psychoanalytic Quarterly.

_____ (1953), *The Collected Papers of Otto Fenichel*. New York: Norton.

Fliess, R. (1954), The autopsic encumbrance. *Internat. J. Psycho-Anal.*, 35: 8-12.

Frank, K. (1993), Action, insight, and working through. *Psychoanal. Dial.*, 3: 535-578.

Freud, A. (1954), The widening scope of indications for psychoanalysis: Discussion. *The Writings of Anna Freud*, 4: 356-376. New York: International Universities Press,1968.

_____ (1956), *The Ego and the Mechanisms of Defense*. Writings 2. New York: International Universities Press, 1966.

Freud, S. (1895), Project for a scientific psychology. *Standard Edition*, 1: 295-343. London: Hogarth Press, 1966.

_____ (1900), *The Interpretation of Dreams. Standard Edition*, 4. London: Hogarth Press, 1953.

_____ (1905), Three essays on the theory of sexuality. *Standard Edition*, 7: 130-243. London: Hogarth Press, 1953.

_____ (1910a), Five lectures on psychoanalysis. *Standard Edition*, 11: 3-55. London: Hogarth Press, 1957.

_____ (1910b), A special type of object choice. *Standard Edition*,11: 165-175. London: Hogarth Press, 1957.

_____ (1912a), Types of onset of neurosis. *Standard Edition*,12:229. London: Hogarth Press, 1957.
_____ (1912b), The dynamics of transference. *Standard Edition*, 12: 97-108. London: Hogarth Press, 1958.
_____ (1912c), Recommendations on analytic technique. *Standard Edition*, 12: 109-120. London: Hogarth Press,1958.
_____ (1912d), On the universal tendency to debasement in the sphere of love. *Standard Edition*, 11: 179-190. London: Hogarth Press, 1957.
_____ (1913), On beginning the treatment. *Standard Edition*, 13: 123-144. London: Hogarth Press, 1959.
_____ (1914a), Remembering, repeating, and working through. *Standard Edition*, 12: 145-156. London: Hogarth Press, 1958.
_____ (1914b), On narcissism. *Standard Edition*, 14: 67-102. London: Hogarth Press, 1957.
_____ (1915), Instincts and their vicissitudes. *Standard Edition*, 14: 117-140. London: Hogarth Press, 1957.
_____ (1916), Parapraxes. *Standard Edition*, 15: 60-79. London: Hogarth Press, 1963.
_____ (1916-1917), Introductory Lectures on psychoanalysis. *Standard Edition*, 15,16. London: Hogarth Press, 1963.
_____ (1918), From the history of an infantile neurosis. *Standard Edition*, 17: 3. London: Hogarth Press, 1955.
_____ (1919), Lines of advance in psycho-analytic therapy. *Standard Edition*, 17:158-122. London: Hogarth Press, 1955.
_____ (1920), Beyond the pleasure principle. *Standard Edition*, 18: 7-64. London; Hogarth Press, 1955.
_____ (1921), Group psychology and the analysis of the ego. *Standard Edition*, 18: 69-143. London: Hogarth Press, 1955.
_____ (1923), Remarks on the theory and practice of dream-interpretation. *Standard Edition*,19:109-124. London: Hogarth Press, 1961.
_____ (1925), An autobiographical study. *Standard Edition*, 20: 7-76. London: Hogarth Press, 1959.
_____ (1926), The question of lay analysis. *Standard Edition*, 20: 177-250. London: Hogarth Press, 1959.
_____ (1931), Female sexuality. *Standard Edition*, 21: 223-243. London: Hogarth Press, 1961.
_____ (1937a), Analysis terminable and interminable. *Standard Edition*, 23: 216-254. London: Hogarth Press, 1964.
_____ (1937b), Constructions in analysis. *Standard Edition*, 23:255-270. London: Hogarth Press, 1964.
_____ (1940), An outline of psychoanalysis. *Standard Edition*, 23: 144-207. London: Hogarth Press, 1964.
Gedo, J. (1993), *Beyond Interpretation* (rev. ed.). Hillsdale, NJ: The Analytic Press.
_____ (1981), *Advances in Clinical Psychoanalysis*. New York: International Universities Press.
_____ & Goldberg, A. (1973), *Models of the Mind: A Psychoanalytic Theory*. Chicago: University of Chicago Press.
Gergen, K. (1985), The social constructionist movement in modern psychology. *Amer. Psychol.*, 40: 266-275.

Ghent, E. (1989), Credo: The dialectics of one-person and two-person psychologies. *Contemp. Psychoanal.*, 25: 169-211.

Gill, M. (1954), Psychoanalysis and exploratory psychotherapy. *J. Amer. Psychoanal. Assn.*, 2: 771-797.

―― (1963), *Topography and Systems in Psychoanalytic Theory*. New York: International Universities Press.

―― (1976), Metapsychology is not psychology. In: *Psychology versus Metapsychology*, ed. M. Gill & P. Holzman. New York: International Universities Press, pp. 71-105.

―― (1979). The analysis of the transference. *J. Amer. Psychoanal. Assn.*, 27 (suppl.) : 263-288.

―― (1982), *Analysis of Transference, Vol. I, Theory and Technique*. New York: International Universities Press.

―― (1983). The point of view of psychoanalysis: Energy discharge or person? *Psychoanal. Contemp. Thought*, 6: 523-552.

―― (1984), Psychoanalysis and psychotherapy: A revision. *Internat. Rev. Psychoanal.*, 11: 161-179.

―― (1988), Converting psychotherapy into psychoanalysis. *Contemp. Psychoanal.*, 24: 262-274.

―― (1991), Indirect suggestion: A response to Oremland. In: *Interpretation and Interaction: Psychoanalysis or Psychotherapy?* by J. D. Oremland. Hillsdale, NJ: The Analytic Press, pp. 137-163.

―― (1992). Merton Gill speaks his mind. *Internat. J. Communicative Psychoanal. Psychotherapy*, 7:27-33. Reprint from the American Psychoanalyst, 25:17-21, 1991.

―― (1993), Review of E. Levenson's The Purloined Self. *Internat. J. Psycho-Anal.*, 74: 400-403.

―― (1994a), Heinz Kohut's self psychology. In: *A Decade of Progress: Progress in Self Psychology, Vol. 10*. Hillsdale, NJ: The Analytic Press, pp. 197-211.

―― (1994b), Review of S. Dowling's *Conflict and Compromise Formation*. *Psychoanal. Quart.*

―― (1994c), Letter to the editor re Levy and Inderbitzen on neutrality. *J. Amer. Psychoanal. Assn.*, 42: 681-684.

―― & Hoffman, I. Z. (1982), A method for studying the analysis of aspects of the patient's experience of the relationship in psychoanalysis and psychotherapy. *J. Amer. Psychoanal. Assn.*, 30: 137-168.

―― & Muslin, H. (1976), Early interpretation of transference. *J.Amer. Psychoanal. Assn.*, 24: 779-794.

―― & Wallerstein, R. (1991), An exchange of letters to the editor. *Internat. J. Psycho-Anal.*, 72: 159-166.

Glover, E. (1931), The therapeutic effect of inexact interpretation. In: *The Technique of Psychoanalysis*. New York: International Universities Press, 1955, pp. 353-366.

―― (1955), *The Technique of Psychoanalysis*. New York: International Universities Press.

Goldberg, A., ed. (1978), *The Psychology of the Self*. New York: International Universities Press.

―― (1986), Reply to discussion of "The Wishy-Washy Personality." *Contemp. Psychoanal.*, 22: 387-388.

―― (1988), *A Fresh Look at Psychoanalysis: The View from Self Psychology*. Hillsdale, NJ: The Analytic Press.

―― (1990), *The Prisonhouse of Psychoanalysis*. Hillsdale, NJ: The Analytic Press.

Gray, P. (1982), "Developmental lag" in the evolution of technique for psychoanalysis of neurotic conflict. *J. Amer. Psychoanal. Assn.*, 30: 621-655.

Greenacre, P. (1954), Practical considerations in relation to psychoanalytic therapy. *J. Amer. Psychoanal. Assn.*, 2: 671-684.

Greenberg, J. (1986), Theoretical models and analytic neutrality. *Contemp. Psychoanal.*, 22: 87-106.

____ (1991), *Oedipus and Beyond*. Cambridge, MA: Harvard University Press.

____ & Mitchell, S. (1983), *Object Relations in Psychoanalytic Theory*. Cambridge, MA: Harvard University Press.

Greenson, R. (1965), The working alliance and the transference neurosis. *Psychoanal. Quart.*, 34: 155-181.

____ (1974), The decline and fall of the fifty-minute hour. *J. Amer. Psychoanal. Assn.*, 22: 785-791.

Grünbaum, A. (1984), *The Foundations of Psychoanalysis*. Berkeley: University of California Press.

Guidi, N. (1993), Unobjectionable negative transference. *The Annual of Psychoanalysis*, 21: 107-124. Hillsdale, NJ: The Analytic Press.

Habermas, J. (1971), *Knowledge and Human Interests*. Boston: Beacon Press.

Hamilton, V. (1993), Truth and reality in psychoanalytic discourse. *Internat. J. Psycho-Anal.*, 74:63-79.

Harlow, H. (1958), The nature of love. *Amer. Psychol.*, 13: 673-685.

Hartmann, H. (1948), Comments on the psychoanalytic theory of instinctual drives. In: *Essays on Ego Psychology*. New York: International Universities Press,1964, pp. 69-89.

____ (1964), *Essays on Ego Psychology*. New York: International Universities Press.

Heimann, P. (1950), On counter-transference. *Internat. J. Psycho-Anal.*, 31:81-84.

Hermann, I. (1936), Sich anklammern . . . zu Suche gehen. *Internat. Zeitschrift. Psycho*anal.

Hoffman, I. Z. (1983), The patient as interpreter of the analyst's experience. *Contemp. Psychoanal.*, 19: 389-422.

____ (1987), The value of uncertainty in psychoanalytic practice. *Contemp. Psychoanal.*, 23: 205-215.

____ (1991), Discussion: Toward a social-constructivist view of the analytic situation. *Psychoanal. Dial.*, 1: 74-105.

____ (1992a), Some practical implications of a social-constructivist view of the psychoanalytic situation. *Psychoanal. Dial.*, 2: 287-304.

____ (1992b), Expressive participation and psychoanalytic discipline. *Contemp.Psychoanal.*, 28: 1-15.

____ (1994), Dialectical thinking and therapeutic action in the psychoanalytic process. *Psychoanal. Quart.*, 63.

____ (in press-a), Review of J. Greenberg's Oedipus and Beyond. *Psychoanal. Dial.*, 5(1).

____ (in press-b), The intimate authority of the analyst's presence. *Psychoanal. Quart.*

____ & Gill, M. (1988a), A scheme for coding the patient's experience of the relationship with the therapist (PERT): Some applications, extensions, and comparisons. In: *Psychoanalytic Process Research Strategies*, ed. H. Dahl et al. New York: Springer, pp. 67-98.

____ & ____ (1988b), Critical reflections on a coding scheme. *Internat. J. Psycho-Anal.*, 26: 291-

299.

Horwitz, L. & Frieswyk, S. (1980), The impact of interpretation on the therapeutic alliance in borderline patients. Presented at meeting of American Psychoanalytic. Assn., December.

Inderbitzin, L. & Levy, S. (in press), On grist for the mill: External reality as defense. *J. Amer. Psychoanal. Assn.*, 42(3).

Jacobs, T. (1990), The corrective emotional experience. *Psychoanal. Inq.*, 10: 433-454.

_____ (1991), *The Use of the Self*. New York: International Universities Press.

Kanzer, M. (1966), The motor sphere of the transference. *Psychoanal. Quart.*, 35: 522-539.

_____ (1972), Superego aspects of free association and the fundamental rule. *J. Amer. Psychoanal. Assn.*, 20: 246-266.

_____ (1975), The therapeutic and working alliances. *Internat. J. Psychoanal. Psychother.*, 4: 48-68.

_____ (1980), Freud's "human influence" on the Rat Man. In: *Freud and His Patients*, ed. M. Kanzer & J. Glenn. New York: Aronson, pp. 232-240.

Kardiner, A. (1977), *My Analysis with Freud*. New York: Norton.

Kernberg, 0. (1976), *Object Relations Theory and Clinical Psychoanalysis*. New York: Aronson.

Klein, G. (1970), *Perception, Motives and Personality*. New York: Knopf.

_____ (1973), Two theories or one? *Bull. Menninger Clin.*, 37: 99-101.

_____ (1976), *Psychoanalytic Theory: An Exploration of Essentials*. New York: International Universities Press.

Klein, M. (1975), *Envy and Gratitude and Other Works: 1946-1963*. New York: Delacorte.

Kohut, H. (1959), Introspection, empathy, and psychoanalysis. *J. Amer. Psychoanal. Assn.*, 7: 459-483.

_____ (1971), *The Analysis of the Self*. New York: International Universities Press.

_____ (1977), *The Restoration of the Self*. New York: International Universities Press.

_____ (1984), *How Does Analysis Cure?* ed. A. Goldberg with P. Stepansky. Chicago: University of Chicago Press.

Kris, E. (1956), On some vicissitudes of insight in psychoanalysis. *Internat. J. Psycho-Anal.*, 37: 445-455.

Lacan, J. (1977), *Ecrits*. New York: Norton.

Langs, R. (1979), *The Therapeutic Environment*. New York: Aronson.

Laplanche, J. (1987), *Nouveaux Fondements pour la Psychanalyse*. Paris: Presses Universitaires de France.

Levenson, E. (1991), *The Purloined Self*. New York: William Alanson White Institute.

Levy, S. & Inderbitzin, L. (1992), Neutrality, interpretation and the therapeutic intent. *J. Amer. Psychoanal. Assn.*, 40: 989-1012.

Lewin, B. (1954), Sleep, narcissistic neurosis and the analytic situation. *Psychoanal. Quart.*, 23: 487-510.

_____ (1955), Dream psychology and the analytic situation. *Psychoanal. Quart.*, 24: 169-199.

Lichtenberg, J. (1983), *Psychoanalysis and Infant Research*. Hillsdale, NJ: The Analytic Press.

_____ (1989), *Psychoanalysis and Motivation*. Hillsdale, NJ: The Analytic Press.

_____ & Galler, F. (1987), The fundamental rule: A study of current usage. *J. Amer. Psychoanal. Assn.*, 35: 47-76.

Lipton, S. (1977), The advantages of Freud's technique as shown in his analysis of the Rat Man.

*Internat. J. Psycho-Anal.*, 58: 255-274.

_____ (1982), Critical review of Paul Dewald's *The Psychoanalytic Process*. *Contemp. Psychoanal.*, 18: 349-364.

Little, M. (1951), Counter-transference and the patient's response to it. *Internat. J. Psycho-Anal.*, 32: 32-40.

Loewald, H. (1960), On the therapeutic action of psychoanalysis. *Internat. J. Psycho-Anal.*, 41: 16-33.

Loewenstein, R. (1963), Some considerations on free association. *J. Amer. Psychoanal. Assn.*,11: 451-473.

_____ (1971), Panel report: The basic rule: Free association–A reconsideration. *J. Amer. Psychoanal. Assn.*, 19: 48-109.

Lossy, F. (1962), The charge of suggestion as a resistance in psychoanalysis. *Internat. J. Psycho-Anal.*, 43: 448-467.

Macalpine, I. (1950), The development of the transference. *Psychoanal. Quart.*, 19: 501-539.

Mahler, M. (1968), *On Human Symbiosis and the Vicissitudes of Individuation*. New York: International Universities Press.

Malan, D. (1963), *A Study of Brief Psychotherapy*. New York: Plenum.

Marohn, R. C. & Wolf, E. S., ed. (1990), The "corrective emotional experience" revisited. *Psychoanal. Inq.*, 10(3).

Masson, J. (1984), *The Assault on Truth*. New York: Farrar, Straus & Giroux.

McLaughlin, J. (1987), The place of transference: Some reflections on enactment in the psychoanalytic situation. *J. Amer. Psychoanal. Assn.*, 35: 557-582.

Menninger, K. (1958), *Theory of Psychoanalytic Technique*. New York: Basic Books.

Mitchell, S. (1988), *Relational Concepts in Psychoanalysis*. Cambridge, MA: Harvard University Press.

_____ (1993), *Hope and Dread in Psychoanalysis*. New York: Basic Books.

Modell, A. (1990), *Other Times, Other Realities*. Cambridge, MA: Harvard University Press.

Namnum, A. (1976), Activity and personal involvement in psychoanalytic technique. *Bull. Menninger Clin.*, 40: 105-117.

Olinick, S. (1980), *The Psychotherapeutic Instrument*. New York: Aronson.

Oremland, J. (1991), *Interpretation and Interaction: Psychoanalysis or Psychotherapy*. Hillsdale, NJ: The Analytic Press.

Parker, B. (1965), Father child interaction patterns. *Internat. J. Psycho-Anal.*, 46: 332-341.

Pine, F. (1990), *Drive, Ego, Object, Self*. New York: Basic Books.

*Psychoanalytic Inquiry* (1990), The "corrective emotional experience" revisited. 10: 285-458.

Racker, H. (1968), *Transference and Countertransference*. New York: International Universities Press.

Rangell, L. (1991), Castration. *J. Amer. Psychoanal. Assn.*, 39: 3-24.

Rapaport, D. (1951), *Organization and Pathology of Thought*. New York: Columbia University Press.

_____ (1957), The theory of ego autonomy. In: *The Collected Papers of David Rapaport*, ed. M. Gill. New York: Basic Books, pp. 722-744.

_____ (1960), On the psychoanalytic theory of motivation. In: *The Collected Papers of David*

*Rapaport*, ed. M. Gill. New York: Basic Books, pp. 853-915.

Renik, O. (1993), Analytic interaction: Conceptualizing technique in light of the analyst's irreducible subjectivity. *Psychoanal. Quart.*, 62: 553-571.

Ricoeur, P. (1981), *Hermeneutics and the Social Sciences*, ed. & trans. J. B. Thompson. Cambridge: Cambridge University Press.

Rogers, C. (1951). *Client-Centered Therapy*. Boston: Houghton Mifflin

Rorty, R. (1993), Centers of moral gravity. *Psychoanal. Dial.*, 3: 21-28.

Rubinstein, B. (1976), On the possibility of a strictly clinical psychoanalytic theory. In: *Psychology versus Metapsychology*, ed. M. Gill & P. Holzman. New York: International Universities Press.

Sandler, J. (1976), Countertransference and role-responsiveness. *Internat. Rev. Psychoanal.*, 3: 43-48.

\_\_\_\_ (1983), Reflections on some relations between psychoanalytic concepts and psychoanalytic practice. *Internat. J. Psycho-Anal.*, 64: 35-46.

\_\_\_\_ Dare, C. & Holder, A. (1973), *The Patient and the Analyst*. London: Allen & Unwin.

\_\_\_\_ & Sandler, A-M. (1983), The "second censorship," the "three box model" and some technical implications. *Internat. J. Psycho-Anal.*, 64: 413-425.

Schafer, R. (1976), *A New Language for Psychoanalysis*. New Haven, CT: Yale University Press.

\_\_\_\_ (1979), On becoming an analyst of one persuasion or another. *Contemp. Psychoanal.*,15: 345-360.

\_\_\_\_ (1983), *The Analytic Attitude*. New York: Basic Books.

\_\_\_\_ (1985), Wild analysis. *J. Amer. Psychoanal. Assn.*, 33: 275-300.

\_\_\_\_ (1992), *Retelling a Life*. New York: Basic Books.

\_\_\_\_ (1993), Discussion of "Theory in Vivo." *Internat. J. Psycho-Anal.*, 74: 1163-1167.

Schwaber, E. (1992), Psychoanalytic theory and its relation to clinical work. *J. Amer. Psychoanal. Assn.*, 40: 1039-1058.

Shane, E. & Shane, M. (1993), Sex, gender, and sexualization. A case study. In: *The Widening Scope of Self Psychology: Progress in Self Psychology, Vol. 9*, ed. A. Goldberg: Hillsdale, NJ: The Analytic Press, pp. 61-74.

Slavin, M. & Kriegman, D. (1992), *The Adaptive Design of the Human Psyche*. New York: Guilford Press.

Spence, D. (1993), The hermeneutic turn: Soft science or loyal opposition. *Psychoanal. Dial.*, 3: 1-10.

Spezzano, C. (1993), *Affect in Psychoanalysis: A Clinical Synthesis*. Hillsdale, NJ: The Analytic Press.

Stein, M. (1981), The unobjectionable part of the transference. *J. Amer. Psychoanal. Assn.*, 29: 869-892.

Stolorow, R., Brandschaft, B. & Atwood, G. (1987), *Psychoanalytic Treatment: An Intersubjective Approach*. Hillsdale, NJ: The Analytic Press.

Stone, L. (1961), *The Psychoanalytic Situation*. New York: International Universities Press.

Sullivan, H. (1940), *Conceptions of Modern Psychiatry*. New York: Norton.

\_\_\_\_ (1953), *The Interpersonal Theory of Psychiatry*. New York: Norton.

\_\_\_\_ (1964), *The Fusion of Psychiatry and Social Science*. New York: Norton.

Sulloway, F. (1983), *Freud: Biologist of the Mind*. New York: Basic Books.

Tansey, M. & Burke, W. (1989), *Understanding Countertransference: From Projective Identification to Empathy*. Hillsdale, NJ: The Analytic Press.

Thomä, H. (1993), Training analysis and psychoanalytic education: Prospects for reform. *The Annual of Psychoanalysis*, 21: 3-75. Hillsdale, NJ: The Analytic Press.

Tolpin, P. H. (1993), Primary failures and secondary formations: Commentary on the Shanes' case study of Kathy K. In: *The Widening Scope of Self Psychology: Progress in Self Psychology, Vol. 9*, ed. A. Goldberg. Hillsdale, NJ: The Analytic Press, pp. 75-79.

Tomkins, S. (1981), The quest for primary motives. *J. Pers. Soc. Psychol.*, 41: 306-329.

Wachtel, P. (1977), *Psychoanalysis and Behavior Therapy: Toward an Integration*. New York: Basic Books.

Waelder, R. (1930), The principle of multiple function. *Psychoanal. Quart.*,15: 45-62, 1936.

Wallerstein, R. (1986), *Forty-two Lives in Treatment*. New York: Guilford Press.

_____ (1988), One psychoanalysis or many? *Internat. J. Psycho-Anal.*, 69: 5-21.

_____ (1989), Psychoanalysis and psychotherapy: An historical perspective. *Internat. J. Psycho-Anal.*, 70: 563-591.

_____ (1990), The corrective emotional experience: Is reconsideration due? *Psychoanal. Inq.*, 10: 288-324.

White, R. (1959), Motivation reconsidered: The concept of competence. *Psychol. Rev.*, 66: 297-333.

Wilburn, D. (1979), Freud and the inter-penetrating of dreams. *Diacritics*, 9: 98-110.

Winnicott, D. (1971), *Playing and Reality*. London: Tavistock.

Wolf, E. (1988), *Treating the Self.* New York: Guilford Press.

Zetzel, E. (1956), Current concepts of transference. *Internat. J. Psycho-Anal.*, 37: 369-376.

_____ (1970), *The Capacity for Emotional Growth.* New York: International Universities Press.

# 訳者あとがき

　本書はマートン・M・ギルの最後の著書である"Psychoanalysis in Transition"の邦訳である。本書は精神分析の理論にとどまらず，これを科学的なものとするための方法論や，分析家が臨床でいかにふるまうべきかといった実践的な問題にまで言及している。

　フロイトを始祖とした精神分析には複雑な発展の歴史があり，現在でも学派間での論争は絶えない。各学派が他の学派を非難することが常態となっている今日において，ギルは精神分析の本質を理解しようと試みている。ギルの集大成とも言えるこの一冊は，それ故に難解である。本書の論ずるところを理解する一助となることを願い，ギルの経歴を紹介しようと思う。

　マートン・M・ギルは三人兄弟の次男として1914年にシカゴで生まれた。高校を首席で卒業した彼はシカゴ大学に進学し，1938年に医師資格を取得した。トペカのメニンガークリニックでレジデント課程を修了後，1946年には32歳という若さで同クリニックの外来部門の長となり，デヴィッド・ラパポート（David Rapaport）の右腕として研究部門も任されるようになった。そして1947年にトペカ精神分析研究所でのトレーニングを修了している。この間にデヴィッド・ラパポートやマーガレット・ブレンマン（Margaret Brenman）と精神医学的診断に関する研究や催眠と精神分析に関する研究など多くの共同研究を行い，ロイ・シェーファー（Roy Schafer），ジョージ・クライン（George Klein）ら特に心理学者と親交を深めていった。1948年にはマサチューセッツ州のオースティン・リグス研究所を支える主要スタッフの一人となったが，間もなくイエール医学校の精神医学科に籍を移し，精神科初回面接に関する新たな共同研究を始めた。彼は1953年から

10年間はバークレーで過ごし，サンフランシスコ精神分析研究所のトレーニング・アナリストとして後進の指導にあたる傍ら，国立衛生研究所（NIMH）と精神医学研究基金財団の支援のもとで精神療法と精神分析理論の研究を行った。1963年にはニューヨーク州立大学の南部医学研究所（Downstate Medical Center）の精神医学部門のリサーチ・キャリア・プロフェッサーとなり，1969年にはNIMHの特別研究員（Special Fellow）となった。この頃より彼は，精神分析の治療過程を系統的に研究するようになり，録音されたセッションからキーワードを抽出して簡略な要約を作成するという手法を考案した。これによって分析家と被分析者以外は立ち入れないものとされてきた分析セッションはより一般化されたものとなり，治療に関わっていない研究者が症例をデータとして利用することが可能となった。1971年にイリノイ大学の精神医学科教授としてシカゴに戻った後にはアーウィン・ホフマン（Irwin Hoffman）と共に録音セッションの研究を発展させ，転移を科学的に検証できるよう思索したのである。そして1994年11月に81歳で他界した。

　上述の経歴が物語っている通り，ギルはいわゆるエリートである。彼は自我心理学者としてトレーニングを修了したが，その後は自身の感じる疑問や矛盾と真摯に向き合い，精神分析理論を独自の視点で再考した。フロイトの局所論と構造論の関係を明らかにしてフロイトのメタ心理学に疑問を提出するだけでなく，精神分析の特徴を抽出して精神療法との異同を明確にしたのである。そしてそれらが正しく評価されていない現状を打開するために，精神分析を科学的な研究の対象とすることの必要性を説き，方法論を探求した。晩年のギルは精神分析を構成主義的・解釈学的なものと位置づけるようになった。このような持論の変遷は彼自身の妥協を許さない姿勢と柔軟性のなせる業であろうが，決して平坦な道ではなかったはずである。

　このようにギルは単に優秀なだけでなく，誠実な学者であり理論家であったが，同時に熱心な臨床家でもあった。彼は研究・指導に多忙な日々を送る中でも，自分の持てる時間の半分は臨床のために使っていた。そして彼が晩

年を過ごしたシカゴのオフィスには，スーパーヴィジョンや助言を求める同僚や学生が後を絶たなかったという。

　私はギルという人物に興味を抱き，当時の同僚らが彼の業績について記したものに目を通した。それらには彼の明晰で論理的な思考や弁舌に対する賞賛だけでなく，彼の人柄を示すような具体的なエピソード，さらには「ユーモアに富んだ」とか「低く甘美な声」といった彼をイメージさせるような表現が多く盛り込まれていた。これはギルがいかに豊かな人物で，周囲から愛されていたかを物語っていると言っても過言ではないだろう。常に真理を求め，臆することなく持論に修正を加えるギルの姿勢は，彼の学問的な功績と同様に周囲に大きな影響を与え，尊敬を集めていたようである。

　ギルは本書でも丁寧に論を展開しているが，多くを語ろうとするあまりに論点が拡散し，自ら軌道修正をするような場面がある。これこそが自身の知り得たことをすべて伝えたいというギルの誠実さの表れであり，持ち味なのだと思う。

　最後に，優秀な理屈屋で，しかし人間愛にあふれ周囲からも愛されていたマートン・M・ギルの書を翻訳する機会を与えて下さったばかりでなく多くの助言を与えてくださった成田善弘先生と，この仕事に関して随所で歯に衣着せぬ意見を述べてくれた同僚の都丸文子先生，出版にあたって多大な援助をしてくださった金剛出版の立石正信氏にこの場を借りて深く感謝の意を表したいと存じます。

杉 村 共 英

# 索　引

## [あ]

愛他性 170, 171
愛着 165, 168
圧縮 25, 26, 161
圧迫技法 105
暗示 74, 81, 82, 83, 117, 139, 140, 141
一次過程 106, 107, 113, 115, 117, 118, 161, 176
一者心理学 54, 55, 56, 57, 58, 61, 62, 84, 97, 104, 112, 119, 130, 147, 177, 178, 190
イド 31, 48, 49, 72, 89, 159, 163, 173, 180, 181, 182
いま－ここ 46, 47, 48, 77, 78, 88, 121, 143, 150, 151, 191
隠蔽された体験 117
隠喩 59, 114, 161, 174, 175, 176, 177, 178
ウィリアム・アロンソン・ホワイト研究所 46, 89, 166
映し返し 50, 53, 64, 134, 168
エディプス・コンプレックス 39, 49, 174
エディプス神経症 100
エネルギー的－意味論的混成説 28
置き換え 25, 26, 161
終わりある分析と終わりなき分析 39, 135

## [か]

快感原則の彼岸 140, 161
解釈 20, 22, 23, 29, 31, 35, 57, 59, 60, 61, 64, 68, 70, 73, 74, 75, 76, 77, 78, 80, 84, 86, 87, 94, 98, 99, 108, 109, 112, 113, 114, 115, 118, 120, 122, 124, 125, 126, 127, 134, 139, 140, 142, 147, 151, 152, 153
──学 19, 20, 21, 22, 23, 24, 26, 28, 29, 31, 172, 175, 177, 190
──学的科学 25, 26, 27
──の中立性 72
外的現実 20
外的な基準 86, 87, 88, 111, 126
外的なもの 33, 34, 36, 37, 39, 41, 45, 46, 47, 48, 49, 54, 61
カウチ（寝椅子） 75, 86, 88, 94, 95, 96, 97, 101, 111, 112, 192
抱え環境 64
科学的心理学草稿 161
過去の再構成 77
カタルシス理論 55
葛藤 49, 52, 53, 134, 142, 98, 154, 156, 177, 185
──概念 48
──の不可避性 53
過程（に関する）研究 185, 186, 187, 188
感覚運動期 26
間主観性 47
──の概念 37
間主観的相互作用 74
願望 112, 125
関与しない治療者 70
技法 124, 125, 148, 175, 190, 191
基本原則 105, 106, 107, 108, 112, 113, 114, 115, 118, 119, 120, 122, 125, 126, 128
逆転移 35, 36, 58, 60, 61, 63, 66, 69, 73, 93,

索　引　207

98, 99, 102, 106, 110, 130, 131, 132, 144, 145, 146, 191
　——神経症 73, 99
寄与 36
教育分析 66, 142
共感 21, 22, 67, 68, 69
強迫 177
　——観念 105
局所論 184
去勢不安 175
クライエント中心療法 71
訓練分析 79, 92, 89, 99, 147
経験 45
欠損概念 48, 51
月曜日のかさぶた 89
原光景 40
原初的な空想 33, 40, 151
幻想 59
行為言語 170
攻撃性 160, 162, 164, 167, 169, 170, 173
攻撃欲動 160, 162, 164, 165, 173
口唇期 174
構成主義 19, 20, 21, 23, 24, 30, 31, 59, 74, 77, 97, 152, 190
構造論 72, 184
肛門期 174
肛門の抑制 174, 175
「効力」動機 168
心の空隙 51, 52
固着 43, 165
古典的な自制 145
好ましくない性愛性転移 81
混入物 81, 85

[さ]

再演 161, 167
再構成 140, 150, 175
再体験 139, 161
作業自我 133
作業同盟 63

自我 31, 48, 49, 72, 73, 114, 117, 159, 163, 164, 173, 180, 182, 187
自我心理学 163, 172, 176, 181, 183
自我分析 126
自己 34, 35, 37, 48, 50, 62, 167, 168, 180, 181, 182, 183, 187
自己愛 181
　——的憤怒 162
　——転移 36
自己開示 146
自己心理学 34, 35, 36, 37, 48, 49, 50, 52, 54, 169, 181, 182, 184
自己対象 34, 35, 36, 50, 143, 168
　——転移 36
自己の凝集 169, 176
自己表象 45, 169
自己保存 160, 170
　——本能 167
指示連想 104, 105
自然科学 23, 24, 25, 26, 27, 29, 152, 162, 172, 175, 179, 184, 190
実演（エンナクトメント）60, 93, 140
実証主義 24
死の本能 160, 161, 162
自発性 145, 146, 152
社会自我 133
終結 146, 147
修正感情体験 52, 135, 136, 139, 143, 149
修正技法 64
「自由な」エネルギー 161
自由連想 32, 104, 105, 106, 107, 108, 109, 110, 111, 112, 113, 114, 115, 116, 117, 118, 119, 120, 121, 122, 123, 125, 126, 127, 128, 139, 191
種の保存 164
首尾一貫説 27
馴化 159
順応 73
上位概念 31, 43, 44, 46, 49, 54
昇華 159, 174

情緒的な洞察 129, 132
自律装置 49, 172
心的外傷 55, 161
心的現実 21, 23, 24, 27, 30, 42, 46, 47, 48, 71, 97, 106, 128, 190
心理学 21, 25
真理の対応説 27
スーパーヴィジョン 92, 102, 103, 186
成果（に関する）研究 185, 186
性器期 174
精神・性の理論 25
精神内界 45, 46
精神病理 146
精神分析
　——過程 115
　——状況 11, 32, 33, 104
　——的精神療法 78, 86, 92, 101, 192
　——的治療 78, 80, 87, 88, 92, 99, 101, 103
　——療法 192
精神分析探究（Psychoanalytic Inquiry）143
『精神分析的対話（Psychoanalytic Dialogues）』166
精神分析入門 141
精神療法 50
　——状況 22, 24
性的外傷 55
正統精神分析 86, 87, 92, 99, 128, 192
「制約された」エネルギー 161
性欲 156, 158, 160, 164, 165, 166, 167, 168, 169, 173, 174, 177, 178, 179
性欲動 165, 170, 173
性欲論三篇 156
潜伏期 174
想起, 反復, 徹底操作 141
相互作用 50, 57, 60, 62, 64, 67, 70, 73, 74, 76, 77, 78, 79, 80, 81, 82, 85, 86, 87, 91, 100, 102, 110, 121, 124, 125, 129, 132, 133, 136, 138, 143, 145, 146, 151, 185, 187, 188, 189, 190, 192

　——の分析 191
相互浸透 152, 177
操作 66, 69, 91, 94, 115, 125, 127, 137, 138
相対的自律 170, 171
相補的系列 37

[た]

退行 63, 86, 91, 100, 110, 112, 115, 117
対象 34, 35, 36, 37, 43, 48, 50, 159, 165, 166, 174, 180, 181, 187, 191
対象関係 42, 43, 46, 54, 62, 160, 165, 166, 180, 181, 182, 190
　——論 36, 42, 46, 62, 165, 166, 181
対象自己 36
対象表象 45, 169
対人関係 43, 44, 45, 46, 49, 50, 55, 61, 77, 137, 138, 167, 177
　——の経験 132
　——論 42, 46, 62, 166
第二原則 72
妥協形成 52, 115, 120, 125
多元決定 31
多重機能の概念 31
タブラ・ラサ（白紙）43
男根期 174
知的な洞察 135, 139
中立性 52, 58, 70, 71, 72, 73, 76, 101, 144, 191
　——の侵犯 151
超自我 31, 49, 72, 105, 112, 163, 181
治療（的）同盟 63
沈黙 67, 68, 69, 70, 72, 74, 75, 76, 80, 101, 116, 119, 124, 127
抵抗 66, 78, 82, 94, 95, 107, 109, 110, 111, 113, 114, 115, 117, 118, 119, 121, 127, 139, 142, 144, 151, 154, 191
抵抗とならない陽性転移 58, 59, 60, 65, 66, 81, 82, 83, 138, 139, 141, 142, 143
抵抗とならない陰性転移 59, 83
抵抗とならない性愛性転移 81

抵抗とならない陽性および陰性の逆転移 59
転移 36, 55, 56, 57, 59, 60, 61, 62, 63, 64, 66, 67, 69, 70, 71, 73, 78, 80, 81, 82, 85, 86, 88, 93, 94, 95, 98, 99, 100, 102, 109, 110, 111, 115, 121, 122, 126, 129, 130, 132, 136, 138, 140, 141, 142, 143, 145, 146, 150, 154, 184, 187, 190, 191
　　——外解釈 78
　　——解釈 88, 99, 143
　　——神経症 62, 99, 100, 140
　　——性治癒 83, 129, 131, 185
　　——の運動領域 140
　　——分析 82, 102, 104, 121, 139
トイレット・トレーニング 177
投影 130
投影同一視 130, 131
同化 73
動機（づけ）の理論 52, 163, 167, 169
洞察 63, 74, 84, 87, 108, 129, 132, 133, 134, 136, 138, 153, 185, 191
同盟概念 62, 63, 64, 66

[な]

内的対象 165
内的な基準 86, 87, 104, 111
内的なもの 33, 34, 36, 37, 39, 41, 45, 46, 47, 48, 49, 54, 61
内容分析 89
ナルシズム入門 160
二者心理学 54, 55, 56, 57, 58, 62, 97, 104, 112, 131, 177, 178
乳児期のファンタジー 165
人間的影響力 139, 140

[は]

派生物 121, 122, 163, 164, 168, 169, 170, 174, 175
「発達の論争」（development tilt） 45
反復強迫 140, 161, 162

ヒステリー研究 55, 89, 109
非対称性 145
否認 57, 106
表象 61
双子化 50
二人精神病 145
物質的現実 21, 22, 23, 27, 42, 97, 190
　　→外的現実
ブランク・スクリーン（空白の映写） 24, 58, 59, 72, 129, 130, 131, 137
ブランク・ポジション 137
分析家の受身性 98, 101
分析家の「寄与」 143
分析家の慎み 78
分析家のふるまい 93
分析家の寄与 59, 70, 123, 154, 191, 192
分析（的）技法 69, 87, 88, 90, 97
分析状況 54, 55, 57, 58, 61, 62, 63, 64, 65, 68, 73, 74, 75, 76, 79, 80, 81, 82, 83, 84, 85, 90, 91, 95, 98, 100, 102, 106, 110, 111, 112, 113, 118, 119, 121, 122, 124, 125, 131, 137, 138, 140, 143, 145, 146, 147, 148, 155, 175, 182, 186, 190, 192
分析的な慎み 192
分離‐個体化 45
分離不安 99
平均的に期待される環境 48
ペニス羨望 174, 175
変容性内在化 50
防衛 31, 47, 48, 58, 61, 68, 73, 79, 111, 112, 113, 118, 120, 125, 127, 134, 151, 163, 170
　　——解釈 61
「ほどよい」分析家 153
本能とその運命 159, 181
本能欲動 159, 160, 163, 169

[ま]

無意識 20, 89, 95, 109, 114, 152, 156, 176
　　——的願望 141
　　——的空想 176

無謀な平等主義 145
明確化 116, 117
メタ心理学 21, 25, 159, 160, 161, 162, 173, 178, 183, 190
物語（narrative） 29, 30, 31, 151, 152, 153, 154, 176, 177, 182, 191

[や]

薬物療法 80
役割応答性 131
融通性の原理 136
誘惑理論 55
陽性転移 139
抑圧 139, 140, 141, 156
欲動 41, 43, 45, 46, 48, 49, 52, 157, 158, 159, 160, 161, 163, 164, 165, 166, 167, 169, 170, 171, 180, 181, 187, 190
　　——の表象 157
　　——論 25, 44, 45, 47, 159, 160, 161, 170

[ら]

ラマルク（Lamarck）説 39, 41
乱暴な分析 151
理想化 50, 64, 168
リビドー 161, 164
　　——論 157, 158
連想 67, 68

[わ]

ワークスルー 77
ワーキング・スルー 132
歪曲 35, 81, 82, 114, 116, 191

[ア]

アーロン 73
アイスラー 64, 108, 149
アイゼンバッド 90
アペルバウム 60, 72, 126
アレキサンダー 60, 85, 86, 91, 135, 136, 137, 138, 149
イーグル 179
インダービッツィン 47, 72, 73, 78, 79
ウィニコット 37, 64, 84, 166
ウィルバーン 152
ウェルダー 31
エデルソン 172
エプスタイン 126
オーンスタイン 51
オレムランド 84, 87, 97

[カ]

カーティス 66
カーディナー 89
ガネリン 78
カンツァー 66, 105, 107, 108, 112, 139, 140
ガントリップ 166
カンバーグ 45, 169
ギャラー 128
ギル 72, 87, 88, 97, 99, 102, 103, 139, 143, 151, 153, 187, 188
グィディ 58, 83
クライン（ジョージ） 25, 92, 166, 168
クライン（メラニー） 130, 151, 165
クリーグマン 48, 170, 173
グリーネーカー 75
グリーンソン 63, 66, 67
グリーンバーグ 44, 45, 73, 93, 166, 168, 169
クリス 48, 89, 105, 106, 110, 111
グリュンバウム 25, 82
グレイ 61
グローヴァー 100, 135
ゲドー 111, 167, 168, 180
ゲント 62
ゴールドバーグ 34, 35, 36, 167, 182, 183
コフート 21, 34, 35, 49, 50, 52, 62, 64, 143, 151, 167, 168

索引　211

### [サ]

サリヴァン　44, 128, 166
サロウェイ　173
サンドラー　63, 131, 168
ジェイコブス　143
シェーファー　29, 131, 133, 148, 151, 152, 153, 154, 155, 170, 176, 177, 182, 183
シェーンズ　182
シュワーバー　128
スタイン　141, 142, 143
ストーン　61, 63, 66, 134, 136, 145, 193
ストロロウ　37, 47, 74
スペザノ　169
スペンス　26
スレイヴィン　48, 170, 173
ゼッツェル　63, 66, 67

### [タ]

ダール　186, 188
ダウリング　52
タンゼイ　130
ディケス　113
ディルタイ　24
デール　63
デワルド　107, 115, 116, 117, 118
トーメ　103
トムキンス　169
トルピン　182

### [ハ]

バーク　130
バーグラー　94
ハーバーマス　28
ハーロー　42
パイン　150, 151, 180, 181
バカル　183
バッシ　169
パペルニク　113
ハミルトン　27
バリント（マイケル）　57, 137
ハルトマン　48, 49, 163, 172
ピアジェ　25
ファスト　25
フェアバーン　166
フェニヘル　72, 73, 114
フェレンツィ　144, 148
ブッシュ　113
ブッチィ　188
ブラドチャフト　37
フランク　80
フリース　144
ブルナー　26
ブレナー　66, 67, 68, 69, 142
ブロイエル　89
フロイト　21, 22, 25, 31, 33, 37, 38, 39, 42, 44, 48, 49, 55, 56, 58, 59, 60, 64, 65, 81, 82, 88, 89, 93, 95, 98, 99, 100, 104, 105, 106, 107, 108, 109, 111, 113, 114, 115, 118, 121, 122, 123, 125, 126, 138, 139, 140, 141, 143, 144, 145, 148, 151, 153, 156, 157, 158, 159, 160, 161, 162, 163, 164, 165, 167, 169, 170, 172, 173, 175, 179, 180, 181, 184, 190
フロイト（アンナ）　72, 145, 148
ヘッケル　41
ボウルビィ　165
ホフマン　36, 58, 87, 88, 132, 133, 137, 146, 149, 160, 168, 178, 181, 187
ボラス　111
ホルダー　63

### [マ]

マーラー　45
マカルパイン　100, 155
マクローリン　96
マラン　186
ミッチェル　37, 44, 45, 166, 177, 178
ムスリン　99
メニンガー　72
モデル　64, 84, 146

[ラ]

ラカン　28, 93, 94
ラッカー　73
ラパポート　26, 48, 159, 170, 189
ラングス　143
ランゲル　175
リクール　28
リトル　106
リヒテンバーグ　128, 167, 168, 180
リプトン　60, 106, 115, 116, 117, 124
レヴィ　47, 72, 73, 78, 79
レヴィン　111, 112, 142
レヴェンソン　44, 59, 128
レーヴェンシュタイン　107, 108, 113, 118, 127
レニック　100
ローティ　26
ローワルド　131, 161
ロッシィ　175
ロビンス　127

[ワ]

ワクテル　80
ワラーシュタイン　85, 86, 136, 183

■監訳者
成田　善弘
1941年　名古屋市に生まれる
1966年　名古屋大学医学部卒業
現職：大阪市立大学大学院教授，櫻クリニック嘱託

■訳者
杉村　共英
1974年　名古屋氏に生まれる
1998年　東京慈恵会医科大学医学部卒業
2003年　清川遠寿病院に勤務。八王子児童相談所嘱託兼任　現在に至る

加藤　洋子
1967年生まれ
滋賀県医科大学卒業
精神保健指定医。臨床心理士
現在，ようこ こころのクリニック院長

---

精神分析の変遷
──私の見解──

2008年11月10日　印刷
2008年11月20日　発行

著　者　マートン・M・ギル
監訳者　成田　善弘
訳者　杉村　共英，加藤　洋子
発行者　立石　正信

印刷・平河工業社　製本・誠製本
発行所　株式会社　金剛出版
〒112-0005　東京都文京区水道1-5-16
電話03-3815-6661　振替00120-6-34848

ISBN978-4-7724-1053-3 C3011　Printed in Japan ©2008

## 転移分析 理論と技法
マートン・M・ギル著／神田橋條治・溝口純二訳
A5判　190頁　定価3,570円

　本書は，Gillがその理論家としての真骨頂を発揮した主著であり，転移に関する文献として必ず引用される現代の古典である。精神分析の優れた臨床家であったGillは，フロイトをはじめとして，Strachey, Glover, Stone, Klein, Segal, Rosenfeld, Zetzel, 等，多くの分析家の文献を引用しながら，転移分析の実際を情熱的且つ論理的に説いていく。人と人とが結びつく豊穣な世界であり，精神分析技法の核である転移分析についての詳細な臨床研究である。

## シュレーバーと狼男
フロイト症例を再読する

J・グレン，M・カンザー編
馬場謙一監訳／岡元彩子，高塚雄介，馬場謙一訳
A5判　190頁　定価2,940円

　本書は，人類の遺産ともいうべきフロイト症例（シュレーバー，狼男）を読み解く知的冒険の試みである。執筆者たちの緻密かつあざやかな症例検討によって，読者は天才的な閃きに満ちたフロイトの技法論を学びつつ，防衛機制，抑圧，投影，置き換え，退行，葛藤，自己愛といった精神分析のキーワードについても理解を深めることができるであろう。

### セラピストと患者のための
## 実践的精神分析入門
オーウェン・レニック著／妙木浩之監訳／小此木加江訳
A5判　220頁　定価3,570円

　米国精神分析界を永らく牽引してきたオーウェン・レニック初の単著，待望の邦訳。レニックは本書で，「中立性」「匿名性」など，フロイト以降の古典的精神分析理論において前提とされてきた原則の意義を，日常の臨床において現れるセラピストと患者の相互作用のなかで再点検していく。あくまで患者の症状軽減，治療利益を重視しつづける症例記述から，精神分析治療において何が実践的か理解されるだろう。

価格は消費税込み（5％）です

# 夢生活
**精神分析理論と技法の再検討**

ドナルド・メルツァー著／新宮一成, 福本 修, 平井正三訳
A5判　248頁　定価3,990円

　本書はフロイトによる夢理論の,〈構造論的理論〉の枠組みにおける最初の大きな改訂である。本書は夢生活の構造と機能を, 心的生活の象徴的領域における決定的な側面として探究し, メラニー・クラインの概念, とくに心的現実の具象性と心の世界の空間的構造を活用する。この背景に加えて, ウィルフレッド・ビオンによる〈思考作用の理論〉とアーネスト・カッシーラーによる〈象徴形式の哲学〉が, 夢と思考過程・言語使用・世界における行為との関係を探究する理論的基礎としてある。(本書解説より)

# 再考：精神病の精神分析論

W・R・ビオン著／松木邦裕監訳／中川慎一郎訳
A5判　上製　200頁　定価3,570円

　今日の精神分析を理解するうえで, ビオンの存在はあまりにも重要なものとなっている。しかし, ビオンは, 多くの精神分析理論に関する書籍を残しているものの, 自分のケースを提示し, 論文の形式で論考したものは, 本書『再考』以外には存在しない。　本書は, ビオン自身がケースを提示しつつ, 精神分析と精神病理論について書いた8本の論文に, 自らが再び思索を深め〈Second Thoughts〉, 詳しく解説を加えたものである。

# 自己心理学の臨床と技法

J・D・リヒテンバーグ, 他著／角田　豊監訳
A5判　310頁　定価4,830円

　著者の3人は, コフート, ストロロウに続く自己心理学派の中心人物であり, 特にリヒテンバーグは乳幼児研究で知られ, その成果が本書の「動機づけシステム理論」に結実している。　幼少期に性的虐待を受けた女性との10年近くに及ぶやり取りの詳細な逐語記録から, 分析者の内的思考の変遷や, クライエントの心の動きを生き生きと述べ, さらに「共感」「自己対象体験」といった自己心理学の鍵概念を用いていかに治療をすすめていくかを, 10の技法の原則に基づいて描き出している。

価格は消費税込み（5％）です

## 犯罪・災害被害遺族への心理的援助
E・ライナソン著／藤野京子訳　Retelling（語り直し）という斬新な介入法を用いて，暴力死に遭遇した被害遺族を支援するための介入法を述べた実践書。　3,570円

## スキーマ療法
J・ヤング，J・クロスコ，M・ウェイシャー著／伊藤絵美監訳　パーソナリティの問題をケアしていく統合的な認知行動療法アプローチの全貌を述べる。　6,930円

## 必携 臨床心理アセスメント
小山充道編著　国内で利用される100弱の心理テストについて，詳細な解説と例，ワンポイント・アドバイス等が示された心理テストの大全集。　8,925円

## 境界性パーソナリティ障害〈日本版治療ガイドライン〉
牛島定信編　厚生労働省が設置した研究班の6年間の成果を，一般の臨床家向けに書き下ろした。臨床現場で実践可能なガイドラインをめざす。　3,570円

## 発達障害と少年非行
藤川洋子著　事件を多角的に見ることによって不可解さの要因を解明し，非行少年の適切な処遇につなげたいとした著者渾身の論文集。　3,360円

## 弁証法的行動療法
M・リネハン，A・ミラー，J・レイサス著／髙橋祥友訳　思春期自傷行為や自殺行動にとくに効果のある心理療法についての最新の解説書。　6,825円

## ナラティヴと心理療法
森岡正芳編　臨床心理におけるナラティヴをユング派的な物語論から思想的最前線にある構成主義まで多岐にわたり考察した論著を集めた最高の一冊。　2,940円

## 心理療法と生活事象
村瀬嘉代子著　クライエントのためにという視点を優先し，百花繚乱の心理療法において屹立する，著者の統合的アプローチへ到る思索と実践の軌跡。　3,360円

## 子育て支援と世代間伝達
渡辺久子著　乳幼児期～思春期の各段階で起こる問題を，母子の関係性の障害とし，「世代間伝達」の視点から捉えることで問題の理解と支援を説く。　3,360円

## ロジャーズ辞典
K・チューダー，T・メリー著／岡村達也監訳　ロジャーズの思想とパーソン中心アプローチの全体像を厳選された見出し語と有機的な構成により描き出す。　3,780円

## 解決のための面接技法〈第3版〉
P・ディヤング，I・K・バーグ著　桐田弘江他訳　解決構築の技法をどう使用し，どんな言葉で面接するのかを詳述。大幅改定と増補がなされた第3版！　5,040円

## やさしいベイトソン
野村直樹著　ベイトソン本人から学んだ人類学者が，その巨人グレゴリー・ベイトソンのものの見方・考え方をわかりやすく解説する。　2,100円

## 精神病の精神分析的アプローチ
松木邦裕・東中園聡編　人気のある精神科医松木邦裕と，その仲間である治療者たちの，患者主体のよりよい治療を目指したケース集。　3,675円

## 詳解 子どもと思春期の精神医学
中根晃・牛島定信・村瀬嘉代子編　実践的臨床に役立つ内容を重視しながら，児童精神医学の領域の知見を広く，深く集積したリーディング・テキスト。　21,000円

## 臨床心理学
最新の情報と臨床に直結した論文が満載
B5判160頁／年6回（隔月奇数月）発行／定価1,680円／年間購読料10,080円（送料小社負担）

## 精神療法
わが国唯一の総合的精神療法研究誌
B5判140頁／年6回（隔月偶数月）発行／定価1,890円／年間購読料11,340円（送料小社負担）

価格は消費税込み（5％）です